跨部门沟通与协作

张胜楠・著

U0299414

机制策略・模型工具・案例分析

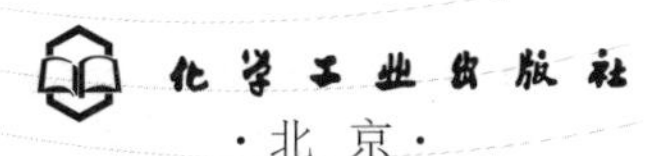

化学工业出版社
・北京・

内 容 简 介

本书依托杭州职业技术学院文库，旨在为读者提供一套全面而实用的跨部门沟通与协作指南。在当今快节奏的职场环境中，跨部门沟通与协作已成为企业高效运行不可或缺的环节。然而，由于部门间职能、文化和目标的差异，跨部门沟通往往面临诸多挑战。

全书深入剖析了跨部门沟通的核心要素和障碍，并提出了针对性的机制建设策略。从组织、部门和个人三个层面出发，详细阐述了如何构建高效能的跨部门沟通机制，以及如何在不同场景下运用实战技巧开展跨部门协作。此外，本书还结合丰富的案例，对跨部门会议管理、冲突解决等关键领域进行了深入解读。

通过阅读本书，读者将能够掌握跨部门沟通的核心技巧和方法，提升团队协作效率，有效解决部门间的沟通难题。无论您是职场新人还是资深管理者，本书都将为您的跨部门沟通与协作提供有力的支持和指导。

图书在版编目（CIP）数据

跨部门沟通与协作 ：机制策略·模型工具·案例分析 / 张胜楠著. -- 北京：化学工业出版社，2024. 6.
ISBN 978-7-122-45858-2

Ⅰ. C912.11

中国国家版本馆 CIP 数据核字第 2024R21N58 号

责任编辑：夏明慧　　　　装帧设计：子鹏语衣
责任校对：王　静

出版发行：化学工业出版社（北京市东城区青年湖南街 13 号　邮政编码 100011）
印　　装：三河市双峰印刷装订有限公司
710mm×1000mm　1/16　印张 13½　字数 217 千字　2024 年 8 月北京第 1 版第 1 次印刷

购书咨询：010-64518888　　　　售后服务：010-64518899
网　　址：http://www.cip.com.cn
凡购买本书，如有缺损质量问题，本社销售中心负责调换。

定　　价：69.80 元　　　　版权所有 违者必究

前言

便捷高效的跨部门沟通与协作，有助于企业充分整合内部优质资源，快速传递需求、生产、物流等各类信息，提高企业经营效率。同时，在长期的跨部门沟通与协作中，组织成员能够建立信任关系，构建出强大的内部凝聚力与外部竞争力，共同克服发展过程中遇到的一系列问题。

更为关键的是，高效的跨部门沟通与协作能够化解各部门、各层级、各组织成员之间的矛盾冲突，加快企业战略落地执行，为员工提供广阔的发展空间，利于企业实现基业长青。在某种程度上说，现代企业管理就是通过沟通尤其是跨部门沟通实现的。然而国内企业普遍采用职能型组织结构，各部门各自为政，再加上信息化建设滞后，部门之间缺乏方便快捷的沟通渠道，带来了严重的“部门墙”问题。这极大地阻碍了组织成员之间的沟通与协作，使企业在日益激烈的市场竞争中变得相当被动。因此，如何推倒“部门墙”，扫清组织内部高效沟通与协作的诸多壁垒，就成为企业亟须解决的重点问题。

构建完善的跨部门沟通机制，无疑在推倒“部门墙”行动中扮演着十分关键的角色。它强调：由双向沟通取代单向沟通，鼓励组织成员在开展横向沟通、纵向沟通、交叉沟通等正式沟通的同时，积极进行非正式沟通；除运用会议、电话、面对面沟通等传统沟通方式外，也需灵活使用视频会议、电子邮件、社交媒体等网络沟通方式；明确 HR（人力资源）部门在组织成员跨部门沟通与协作中发挥的协调引导作用，为企业打造科学合理的内部协调机制；加强组织成员跨部门沟通与协作相关知识与技能的培训，让他们能够根据所处情景，灵活选择沟通方式，并善于运用各种沟通技巧提高沟通效率。

企业想要真正提高跨部门沟通效率，需要从组织、部门及员工三个层面着手。

在组织层面，企业需要精减组织结构，进行体制创新，由扁平化的脊椎型组织结构取代职能型组织结构；加强文化建设，为员工营造包容、开放、合作、共享的沟通文化；引入岗位轮换管理模式，让员工熟悉各部门业务流程，以减少部门间的矛盾与冲突。在部门层面，加强部门间的交流合作，使各部门建立信任关系；明确各部门的权力与责任，用完善的规章制度规范部门之间的沟通协作；制定共同目标，使部门之间形成利益共同体关系；尊重各部门的团队文化与工作习惯。在员工层面，引导员工学习并掌握各种跨部门沟通技巧，比如在沟通前做好充分的准备工作，搜集并整理沟通所需要的资料，换位思考，熟悉各部门通用的“部门语言”；营造安全和谐的沟通氛围，使沟通双方能够心平气和地进行沟通对话；引导员工尊重他人，在沟通过程中保持专注，在清晰明确地表达自身观点的同时，也要认真仔细地倾听对方的意见。

做好跨部门冲突管理，对推倒“部门墙”也非常关键。需要明确的是，部门冲突在企业内部是普遍存在的，不可能完全消除，但通过有效手段可以化解冲突，减少冲突带来的负面影响，甚至推动组织变革，提高企业的市场竞争力。

角色冲突、权力冲突、目标冲突是跨部门冲突的三大类型。此外，很多企业还会将冲突分为个人冲突和组织冲突。对于不同类型的冲突，需要采取差异化的应对策略，比如在处理角色冲突时，首先要分析造成冲突的原因，然后了解冲突双方的利益诉求、个人特征、资源状况等，之后明确自己的立场，采用正确的方式化解冲突。

在跨部门协作方面，需要遵循正视部门利益、尊重立场差异、强调全局意识、坚持公平公正等基本原则；从人力资源、文化、组织结构等方面为企业搭建跨部门协作的组织架构；运用现代化的跨部门协作模式与工具，引入跨界团队IMOI（Input—Mediator—Output—Input，输入—中介—输出—再输入）模型；树立以客户为中心的全流程理念，持续进行跨部门流程优化，制定全局性员工绩效考核标准。

诸多实践案例已经向我们充分证明：推倒“部门墙”、实现跨部门高效沟通协作，是一项长期而复杂的系统工程，它需要企业管理者转变思维模式，认识到跨部门沟通与协作对企业的重要价值，厘清阻碍组织成员跨部门沟通与协作的限制因素，比如专业分工激化部门矛盾、部门业绩目标存在差异、缺乏完善的沟通机制、本位主义思想导致的推诿扯皮等，为推倒“部门墙”建立一套行之有效的系统解决方案。

本书依托“新时代黄炎培职业素养观传承发展与创新研究”（课题编号：ZJS2024ZN043），针对当前企业沟通与协作中的难点、疑点与痛点，分别从管理沟通的内涵与应用、跨部门沟通机制建设、跨部门沟通的关键策略、跨部门会议管理、跨部门冲突管理、跨部门协作技巧、跨部门沟通与协作案例分析七大维度，对跨部门沟通与协作的障碍因素、机制建设、策略制定及实施方案等进行了全方位、立体化的深入分析。本书尤其注重实操性，对推进跨部门沟通与协作中令企业饱受困扰的以下问题进行了重点阐述：

如何正确认识跨部门沟通遇到的阻碍？

如何提高跨部门会议效率？

如何为各部门制定统一目标？

如何快速化解部门间的矛盾与冲突？

如何通过绩效考核体系激励组织成员沟通交流？

如何做好跨部门项目沟通与协作？

事实上，跨部门沟通与协作受阻问题在国内企业界早已存在，只不过长期以来中国经济的快速增长助力了国内诸多企业业绩的飙升。然而如今我国经济进入调结构、去产能的新常态，再加上市场环境的动态变化，跨部门沟通与协作受阻带来的企业运行效率降低、核心竞争力变弱、难以实时响应多元化的客户需求等弊端日益凸显。

解决跨部门沟通与协作问题已经成为事关企业生死存亡的大事，需要所有企业给予高度重视，从思维模式、组织结构、业务流程、管理理念等方面进行转型升级，为推进跨部门沟通与协作制订长期性的战略规划，并从外部案例及自身实践中总结经验与教训，实现组织成员及部门间的高效沟通与协作，助力企业提质增效，在激烈而残酷的市场竞争中脱颖而出。

著者

目 录

第 1 章 管理沟通的内涵与应用

1

第 2 章 跨部门沟通机制建设

37

第 3 章 跨部门沟通的关键策略

63

第 4 章
跨部门会议管理

91

第 5 章
跨部门冲突管理

119

第1章

管理沟通的内涵与应用

1.1 管理沟通的概念、要素与流程

1.1.1 管理沟通的概念与内涵

出色的沟通技能是一位优秀管理者的必备素质。美国著名管理学家、系统组织理论创始人切斯特 • 巴纳德（Chester I. Barnard）说过：缺乏写作和会谈能力，这是对现代高层管理者的最重要的限制，也是其面临的最突出的困难，他们做不到用明白晓畅的语言叙述只有他们自己了解的复杂情况。

美国管理学大师彼得 • 德鲁克（Peter F. Drucker）也认为：能够用书面或口头形式组织和表达思想，是一项基本技能，个体的成功在一定程度上取决于他可以在多大程度上借助口头语言和书面文字影响别人。对于管理者来说，沟通技能的重要性不言而喻，它决定了能在多大程度上成功实施计划。

（1）管理沟通的内涵

在现代企业管理实践中，不同的人之间、不同的组织之间，或是人与组织之间，都会产生沟通上的问题，这些问题需要管理沟通来解决。沟通者出于特定目的，采取一定的策略和方式，向特定的客体或对象传递信息，以期从对象处得到反馈，这一过程被称为管理沟通（Management Communication）。

与一般意义上的沟通相比，管理沟通的特征如图 1-1 所示。

① 管理沟通针对的是预定的管理目标

日常的沟通往往是比较随意的，而管理沟通则以管理目标为导向，着眼于现实问题的解决。举例来说，一家企业计划开展某项活动，那么他们就需要组织一场会议，以此来进行宣传沟通，推进活动的实施。

② 管理沟通中的信息传递是相互的

沟通者在将信息传递给对方之后还要从对方处得到反馈，以确保信息的传递取得了预期的效果。如果没有得到反馈，则沟通实际并没有完成，如果反馈结果显示沟通并未达到预期效果，则需重新进行沟通。

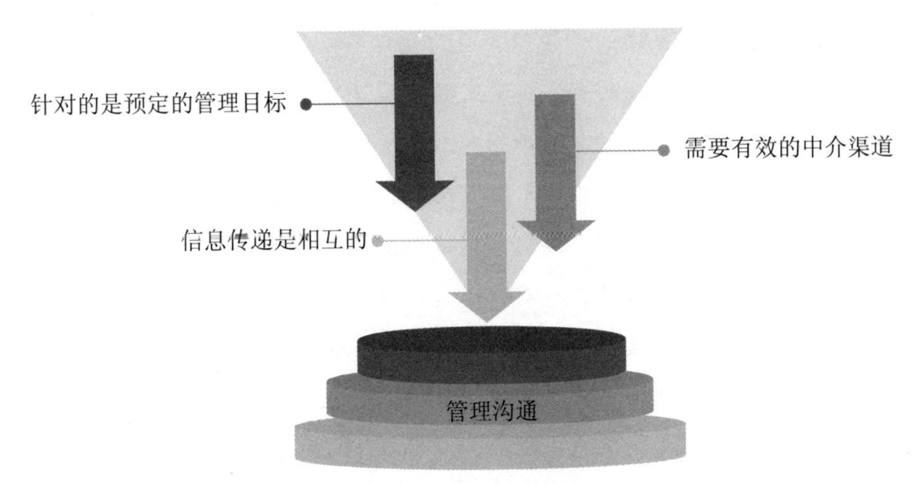

图 1-1　管理沟通的特征

③ 管理沟通需要有效的中介渠道

从字面上看，沟通中的“沟”指的就是中介渠道。信息流程通道和信息传递载体对信息互通来说是必不可少的，建立起沟通所需的渠道和载体，管理沟通方成为可能。

在管理沟通中，需制定出有效的策略，这是由管理沟通的复杂性决定的，这种复杂性体现在以下几个方面，如图 1-2 所示。

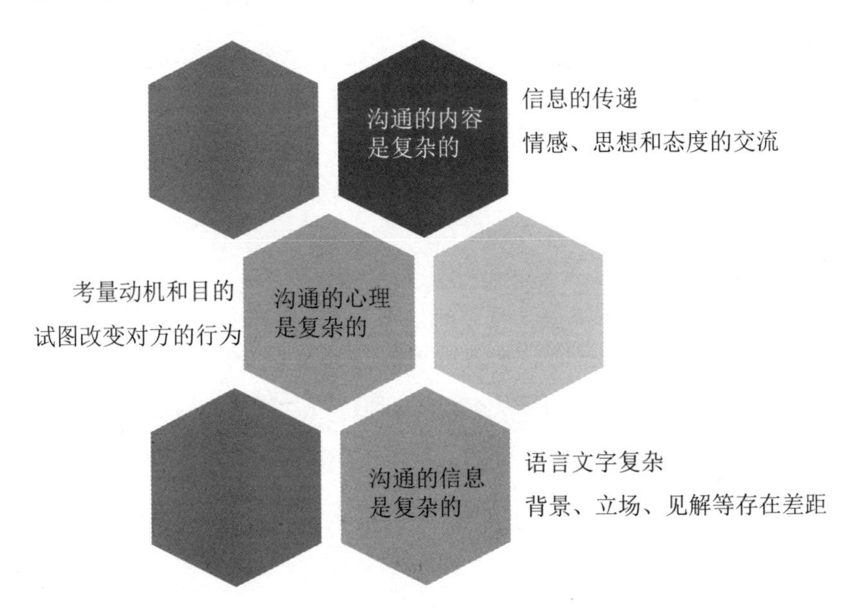

图 1-2　管理沟通复杂性的体现

- 沟通的内容是复杂的。管理沟通的过程不仅是信息传递的过程，还涉及情感、思想和态度的交流，这实际是人际关系的一种体现。
- 沟通的心理是复杂的。在沟通时双方要考量对方是出于何种动机和目的进行沟通的，同时需要为了取得预期的效果试图改变对方的行为。
- 沟通的信息是复杂的。沟通的内容和心理具有复杂性，此外语言文字有时也具备复杂的含义，这些都造成了沟通信息的复杂性。在信息传递过程中，时常会有信息失真（Information Distortion）情况的发生，而如果双方在背景、立场、见解等方面又存在较大差距，那么想要理解对方传递出的信息将尤为困难。因此，沟通双方需采取有效的沟通策略，克服沟通障碍。

（2）管理沟通的价值

沟通是一种以思想达成一致和感情通畅为目的，在人与人、人与组织之间进行的思想和情感的传递及反馈过程。具体来看，管理沟通的价值主要体现在以下几个方面，如图 1-3 所示。

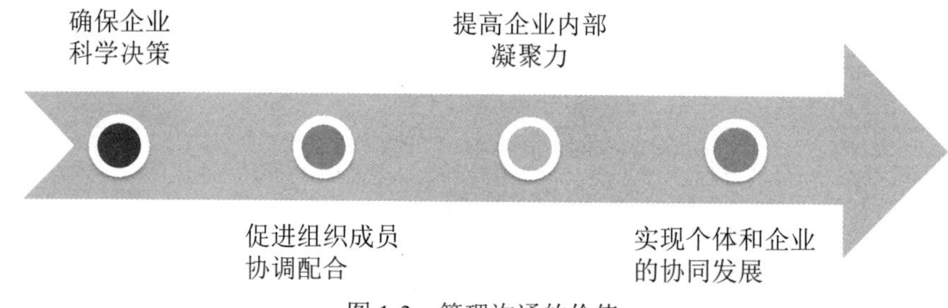

图 1-3　管理沟通的价值

① 确保企业科学决策

建立完善的管理沟通机制，一方面可以保障管理层获取更为系统全面、更具时效性的信息，为企业制定科学合理的管理决策、抓住转瞬即逝的市场机遇奠定良好的基础；另一方面能够保障管理层的决策快速高效地被基层员工了解并执行，使企业的战略规划能够得到真正落实。

② 促进组织成员协调配合

在跨界融合成为常态的背景下，组织成员跨部门协作在企业参与市场竞争中扮演的角色尤为关键。只有进行充分的沟通交流，各层级、各部门、各岗位的员工才能实现高效协同，使得企业具备强大的市场竞争力。

③ 提高企业内部凝聚力

企业要想实现永续经营，必须营造出一个良好的组织氛围，而管理沟通有助于组织成员相互了解、消除误会与矛盾、建立信任、增进情感，能够有效增强组织成员的工作积极性，从而提高企业的内部凝聚力。

④ 实现个体和企业的协同发展

虽然企业内部存在统一的企业文化和价值观，但组织成员在兴趣爱好、生活习惯、利益诉求等方面的差异是客观存在的，如果仅重视企业发展，而忽略员工自我价值的实现，就会引发各种矛盾冲突，给企业的长期稳定发展带来严重负面影响。借助管理沟通，管理层可以了解基层员工的心声，进而缓解二者之间的矛盾冲突，在确保企业稳定增长的同时，也能为员工的全面发展提供优良环境。

1.1.2　管理沟通的 7 个核心要素

管理沟通共包含 7 个核心要素，如图 1-4 所示。要想更好地理解和认识管理沟通，需对这 7 个核心要素有准确的把握。

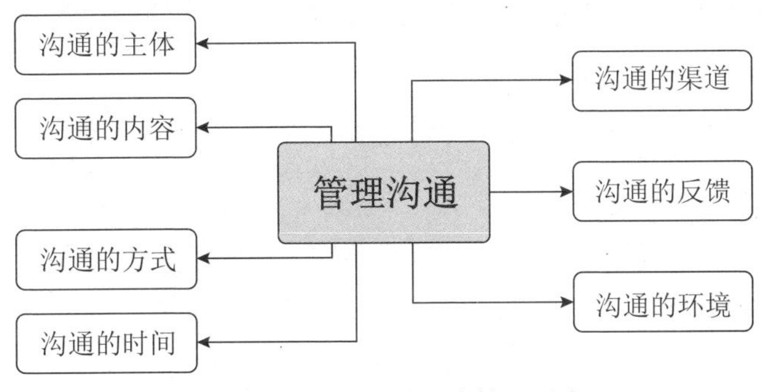

图 1-4　管理沟通的 7 个核心要素

（1）沟通的主体

沟通的主体包括个人、组织、群体等，作为沟通过程的参与者，沟通主体的作用非常关键：

- 首先，主体要明确本次沟通要达成什么目的、有着怎样的意义，沟通的过程要以此为前提。

- 其次，信息能否得到顺利传达，许多时候取决于沟通主体的沟通风格和技巧。
- 再有，主体需根据受众的情况选择沟通方式，以取得预期效果。

（2）沟通的内容

沟通的内容为沟通过程中参与者传递出的信息、思想、情感、态度等，是沟通的核心。沟通取得的实际效果与沟通的内容及表达方式直接相关：

- 一方面，内容要有针对性，也要有价值，需要符合受众的需求，让受众对其产生兴趣。
- 另一方面，内容的表达要做到清晰明确，防止受众出现难以理解或理解有误的情况。

（3）沟通的方式

沟通的方式是传递沟通内容的途径和手段，语言、文字、图像、动作等都可以用作沟通的方式。需要根据场合和受众选择合适的沟通方式，比如面对面交流时采用口头语言，远程交流采用文字，如果有些内容需要直观地展示给受众，则采用图像的方式。另外，社交媒体、视频通话等新型通信方式的出现，也使得沟通方式变得更加丰富。

（4）沟通的时间

沟通的时间即沟通活动进行的时间点或时间段。沟通的实际效果与沟通的时间直接相关：

- 首先，沟通时间的安排要考虑受众的日程，确保沟通活动与受众的工作和生活不相冲突。
- 其次，根据不同的沟通目的，要相应地做出不同的安排，如果情况紧急，那么沟通一定要及时迅速；如果是比较重要的决策，则沟通的节奏可以放缓，尽可能保证沟通的充分性。
- 再次，由于文化背景及处事习惯等因素的影响，不同个体对时间有着不同的观念，在安排时间时也要考虑到这一点。

（5）沟通的渠道

沟通的渠道指传递沟通内容时采用的媒介和途径，分为直接渠道和间接渠道。直接渠道指的是人与人之间进行实时沟通采用的方式，具体包括面对面交流、电话、视频会议等。间接渠道指的是非实时性沟通采用的方式，具体包括信函、邮件、社交媒体等。

沟通双方需要根据实际情况选择适当的沟通渠道，以取得理想的沟通效果。比如，有些场合需要进行情感的交流，或者有复杂问题需要解释和探讨，这种情况宜采用直接渠道；有些时候由于客观条件的限制无法采用直接渠道，或者是需要对沟通的过程进行记录，这种情况下间接渠道是更好的选择。

（6）沟通的反馈

沟通的反馈指沟通时受众的回应和反应，呈现的是沟通取得的效果。受众将自己的意见和看法给到主体，主体根据反馈结果对内容选择和表达方式作出调整，能够让沟通变得更加有效。反馈是沟通过程中不可缺少的关键一环，能够加深主体和受众之间的了解，提升沟通的效率。

（7）沟通的环境

沟通的环境指的是沟通活动所处的场所和条件，具体如表 1-1 所示。

表 1-1　沟通的环境解析

环境类别	举例
物理环境	沟通是在什么场景下、怎样的天气中进行
社会环境	沟通的参与者之间有着什么样的社会联系或组织关系
心理环境	沟通双方怎样看待对方，彼此之间的信任程度如何等

环境是影响沟通的重要因素，适当的环境可以使沟通取得更好的效果。

管理沟通的 7 个核心要素各自发挥着重要的作用，为了取得良好的沟通效果，在沟通过程中应对它们加以重视，并采取相应措施。主体要对沟通的目的和意义有准确把握，并了解受众的基本情况；内容要做到针对性强，有讨论的价值，表达应清晰易懂；方式应具备灵活性和适应性，满足实际情况的需要；时间安排要多方考虑，确保合理；渠道选择应适当，从具体情况出发；反馈要重视，反馈之后的调整要及时；环境选择应考虑多种因素，服务于沟通过程。

1.1.3　管理沟通的流程与原则

（1）管理沟通的基本流程

管理沟通的基本流程如图 1-5 所示。

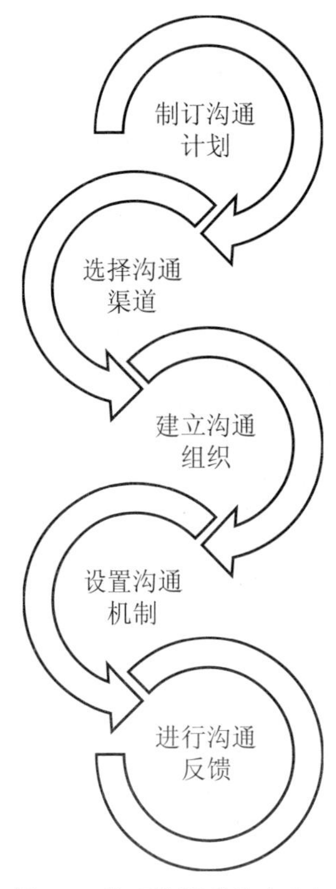

图 1-5　管理沟通的基本流程

① 制订沟通计划

确定整个项目的沟通对象、内容、频率以及方法，需特别注意建立明确的沟通机制，制订完整的沟通计划。在项目沟通的过程中，要依据实际情况的变化对计划作出调整，保持计划的适用性和可行性。

② 选择沟通渠道

选择适当的沟通渠道，例如电话、会议等。沟通渠道确定后要尽可能实现定期沟通，通过维持一定的沟通频率增进双方的交流，加深彼此之间的了解，共同研讨和解决工作中遇到的问题。

③ 建立沟通组织

要有确定的沟通组织结构，沟通组织中要有沟通责任人和沟通小组，分别履行一定的沟通职责，遵循特定的沟通流程。沟通责任人和沟通小组是沟通组织的主体，能够在很大程度上影响到沟通的有效性。

④ 设置沟通机制

建立沟通的会议机制，确立沟通的标准，及时出具沟通报告，以取得更好的沟通效果。

- 建立定期会议机制。可根据管理沟通的主要目的确定会议频率，比如每日或每周举行团体成员会议，在会议上共享项目进度，如果存在进度延期的情况可及时知晓。
- 实现沟通内容标准化。明确会议的沟通内容，提高沟通效率，使会议具有更强的针对性。例如周会可以用来了解各成员的工作进度，讨论和解决工作过程中遇到的问题。
- 出具沟通报告。报告应包含沟通的内容、时间、参与者。沟通报告、沟通数据库等可记录下有关沟通的内容和信息，需要时可随时查询。

⑤ 进行沟通反馈

建立反馈机制，及时了解沟通的结果以便作出调整。可由客户服务团队发放调查问卷，听取用户的意见和建议，处理服务中存在的问题，对服务进行优化调整。

（2）管理沟通的 7C 原则

管理沟通 7C 原则（如图 1-6 所示）的提出者为美国公共关系专家卡特利普（Scott M. Cutlip）和森特（Allen H. Center），1952 年两人在共同撰写的《有效的公共关系》一书中提出了这一原则。下面我们将对 7C 原则作简单阐述。

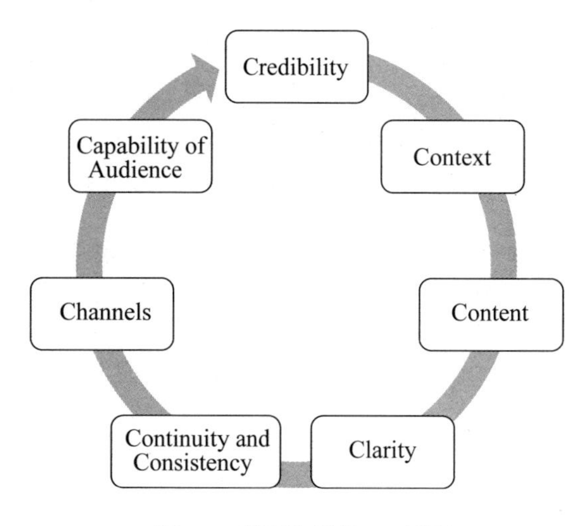

图 1-6　管理沟通的 7C 原则

① Credibility（可信赖性）

信息发送者和信息接收者之间相互信任，这是良好沟通的基石，作为主动沟通的一方应态度真诚，主动创造彼此信任的气氛。与此同时，被动沟通者也应对主动沟通者采取信任的态度，相信后者传递的信息，也相信后者有能力解决双方共同关心的问题。

② Context（一致性）

沟通的计划和方式与组织内外环境之间应具备协调性。

③ Content（内容的可接受性）

对于信息接收者来说，沟通的内容应当是有意义和价值的，这需要信息发送者在选择沟通内容时充分考虑接受者的价值观和所处环境。

④ Clarity（表述的明确性）

即沟通所用的语言应明白晓畅、便于理解，避免使用模棱两可、易引起误解和歧义的言语。

⑤ Continuity and Consistency（持续性与连贯性）

沟通这一过程是持续不断的，是需要一直坚持的。信息的重复是实现沟通目的的必要步骤，但重复也不意味着完全一成不变，在重复中需不断加入新的内容，只有连续沟通才能战胜沟通障碍。

⑥ Channels（渠道的针对性）

即选择能使效率最大化的渠道。有的渠道存在时间比较长，被沟通者对这种渠道的接受度也比较高。

⑦ Capability of Audience（接收者的接受能力）

沟通要具有针对性，在沟通时应当掌握沟通对象的状况，对其接受能力有一定的了解，做到有的放矢，有效沟通。沟通的材料对信息接收者能力的要求越低，沟通顺利进行并取得成功的概率就越大。被动沟通者接收信息的习惯、阅读能力以及知识水平构成了其接受能力。

1.1.4　管理沟通中存在的问题

通常来说，企业内部管理沟通中主要存在以下几方面的问题，如图 1-7 所示。

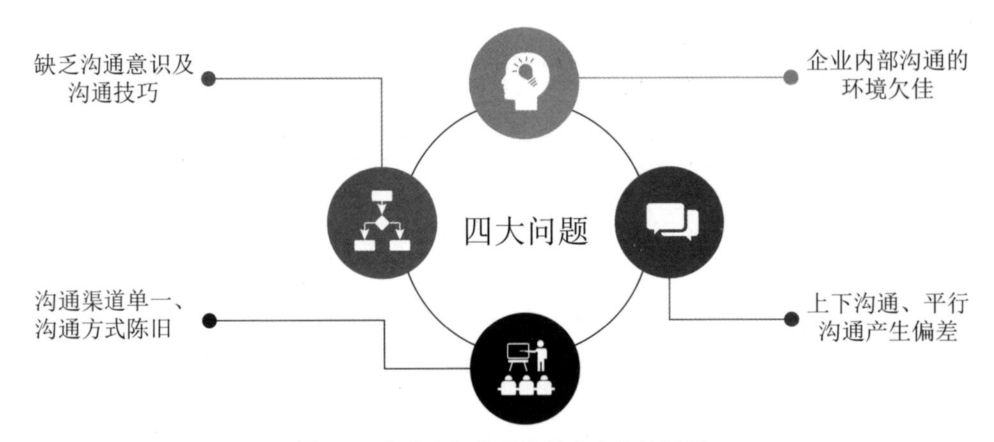

图 1-7　企业内部管理沟通中存在的问题

（1）缺乏沟通意识及沟通技巧

有相当多的管理者对沟通缺乏足够的重视，没有充分认识到良好的管理沟通能够为企业创造巨大的价值，而更多地专注于外部经营活动，认为自己的决策必然能够被下级快速理解并执行。同时，很多企业的晋升机制并没有将沟通能力作为一项考核指标，而更重视业绩考核，导致选拔出来的部分管理者并不擅长管理沟通。

这种情况下，员工无法和管理层进行充分的沟通交流，即便在日常工作中遇到了各种问题，也不会主动向管理层提供反馈并寻求帮助，导致员工的活力与创造力被极大地压制，而且管理层的指令在传递过程中很容易被曲解，使企业在激烈的市场竞争中相当被动。

（2）沟通渠道单一、沟通方式陈旧

沟通方式十分多元化，根据不同分类标准，得到的结果存在一定差异，比如：从沟通渠道角度，可以将沟通分为正式沟通和非正式沟通；从沟通信息传递方向角度，可以将沟通分为单向沟通和双向沟通；从沟通结构角度，可以将沟通分为上行沟通、下行沟通及平行沟通。然而绝大部分企业的现状是沟通渠道单一、沟通方式陈旧。

很多企业管理者热衷于通过听取下属报告的形式进行管理沟通，官本位思想十分严重，在沟通过程中缺乏人性化，不能让员工充分表达观点；同时，企业信息化建设滞后，组织成员之间缺乏高效、便捷的沟通渠道，尤其是高层管理者和基层员工之间存在严重的沟通壁垒。

（3）企业内部沟通的环境欠佳

盈利是企业追求的终极目标，为了实现利润最大化，企业需要充分发挥所有组织成员的活力与创造力，使其完成更高的业绩目标，创造更多的利润，然而这一切需要建立在所有组织成员充分交流、高效协同的基础之上。

但大部分企业内部沟通环境堪忧，企业对内部沟通缺乏足够重视，没有设置专门负责协调部门、层级沟通的岗位，即便有的企业存在这种岗位，该岗位也仅局限在搜集、整理信息并提供反馈方面，没有制订出长期有效的内部沟通规划。

（4）上下沟通、平行沟通产生偏差

在大部分国内企业中，企业核心领导者的特性、风格、工作方式等对组织成员的日常工作有着十分关键的影响。传统思维影响下，组织内部等级森严，上下沟通缺乏双向流通性，更多是高层管理者向基层员工单向地发送指令，员工却不能提供足够的反馈信息，导致组织成员之间未能建立良好的信任关系，平行沟通不畅，无法实现高效协作。

1.1.5 高效能沟通的5大步骤

在企业管理中，任何沟通行为都是由目的主导的。要做到高效能沟通，就需要采取有效的方法和策略。沟通的具体过程可以依据不同的标准被划分为若干环节，而基于应用的策略，高效能沟通也可以被划分为以下5个步骤，如图1-8所示。

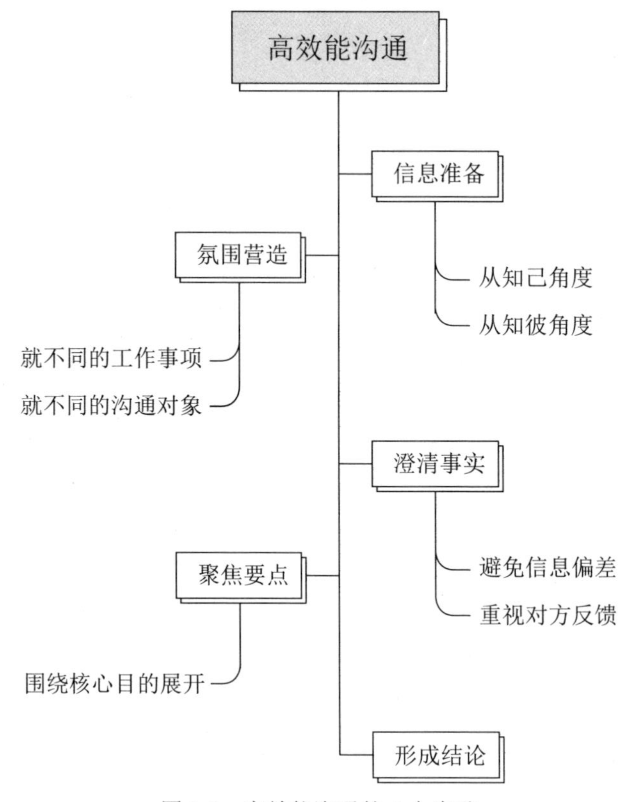

图1-8 高效能沟通的5大步骤

（1）步骤一：信息准备

若想沟通能够取得成效，实现其最终的目的，必须有充足的信息准备作为支撑，而从知己、知彼角度所进行的事前思考，则是做好信息准备的关键。

① 从知己角度

从知己角度来说，在沟通前我们应基于自身实际情况进行自我评估。评估对象既包含主观层面上自我的行为目标、对沟通对象的信任度，同时也应包含客观层面上，作为沟通主体的自己对沟通所需要信息的掌握程度、沟通对象与自己交流并达成共识的推动性条件是否具备等。

② 从知彼角度

从知彼角度来说，在沟通前也应对沟通对象的情况进行了解与分析。在客观层面，要调查清楚沟通对象和一些与沟通事项有关的信息；在主观层面，则需要确定沟通对象对沟通事项的了解情况、所持态度偏向积极还是消极，并在此基础上合理假设沟通对象在正式沟通中可能采取的立场与态度。

沟通要达成的目标主要包括以下三个层面。

- **同步信息**：信息交换构成了沟通的大部分内容，有效的沟通一定是建立在有效的信息准备之上，因而一定要确保自己在沟通过程中与对方交换的信息翔实可信。
- **达成共识**：在达成共识的过程中要明确是否能够达成共识以及在多大程度上有达成共识的空间。此外，所达成的共识要兼顾两方，对己方而言，当突发情况出现时要能够有回旋调整的余地；对于对方而言，则要了解其可能会持何种态度，其出发点是怎样的。
- **交流情感**：情感的交流既是沟通的重要目标，也是信息交流、达成共识目标的重要辅助，在沟通过程中实现良好的情感交流能够大大提升信息交流和达成共识的效率，从而提升沟通的质量。因此，在进行沟通时要对自己期望表达的情感与希望获得的情感反馈有所把握。

进入正式沟通后，需要采取有效的策略与方法来确保沟通的效果，而这种策略与方法的取用正是由对以上几个方面的思考所决定的。

（2）步骤二：氛围营造

在工作与生活中，人们往往强调“仪式感”。这是因为与之相关的环境与人文条件所形成的氛围会影响人们的心理和潜意识。在沟通中同样如此，沟通氛围会通过对沟通双方的影响而成为沟通进程的催化剂。在客观层面，沟通的物理环境包括沟通的地点和场合；在主观层面，沟通时双方的情绪状态、讲话方式乃至着装情况等则构成了沟通的人文气氛。物理环境与人文氛围配合得当，才能营造良好的沟通氛围。

沟通氛围的营造，需要因事、因人、因时而异。沟通事项的类别、对象、目的不同，对于沟通氛围营造的要求亦有不同。

- **就不同的工作事项：**沟通事项对于沟通方式的要求体现得最为明显。比如，对于正式沟通，应选择办公室、会议室等比较正式的场合，并且还要注意选取正确的表达方式，穿着也应正式一些。而一些非正式沟通更倾向于让沟通的双方能够放松，这时选择咖啡厅、休息室等相对休闲的场所更加合适。
- **就不同的沟通对象：**沟通对象的差异性决定着沟通方式的选择。比如管理层在与员工进行沟通时，面对年龄、文化程度等各异的员工，灵活且贴合个体情况的沟通方式往往是首选。这是因为沟通对象即使是处于同一沟通事项中，其特点也是不同的。

（3）步骤三：澄清事实

认知差异客观存在于沟通的双方之间。在进入实质沟通阶段后，如果双方认知差异很大，即使已经具备了信任关系，也会因为双方的认知错位、认知断层导致沟通过程出现与预期相反的情况。因此，对彼此的认知差异也需要进行重点关注。

澄清技术的运用是解决沟通双方由于知识结构、认知差异而对同一事件理解出现偏差进而影响沟通的重要方式。澄清事实可以有效避免沟通者固有认知、理解差异在信息传递过程中产生的负面影响。

- 沟通双方必须在沟通过程中想办法避免可能存在的信息偏差，要认清信息与事实，保持敏锐，如果沟通中存有疑惑或表达出错，要及时追问或者主动对错误进行纠正、对误会进行澄清。
- 在沟通中，自说自话、想当然的情况往往会掩盖真正的问题，进而影响到沟通的效果。这就需要主动沟通者时时通过对方的反馈判断对方是否明白了自己的意思，重视对方的反馈。

（4）步骤四：聚焦要点

沟通的双方需要达成一个共识，即任何沟通行为都无法保证双方关于此事件的所有认知均是一致的。由于在立场、价值观、过往经历等方面存在差异，不同个体的思维模式和情感倾向也各不相同，因此沟通的过程需要尽可能地聚焦要点，围绕核心目的展开，而不必在无关紧要的事项上耗费过多时间和精力。

对于沟通目标的判断是最重要的，只有明确了沟通目标，在行动时才能选择合适的方式方法，有策略地达成目标。这在一些复杂的事项中体现得十分明显，因为这些事件本身的复杂性会造成事件中的双方出现理解偏差，影响双方最终达成共识，因此需要借助多频次的沟通来避免这种情况。在沟通中，要更多地聚焦于沟通的目标而非过程，才能抵达最终的胜利。

另外，应明确协谈失败或沟通陷入僵局往往是因为非必要的信息或情感造成了影响与扰乱。有的时候沟通的结果不以人的意志为转移，僵局或者失败难以避免，这就需要我们保持冷静与客观，理智清醒地接受可能出现的问题及结果。

（5）步骤五：形成结论

沟通真正承载的价值在于有效地推进事项，实现其落地与闭环，而沟通结果的固化依赖于沟通所形成的结论。在形成结论环节，应充分重视记录对于沟通的重要意义。沟通后应及时复盘，这是最基本的要求，可以通过正式或非正式的记录实现。另外，沟通的内容、沟通所实现的效果都需要及时进行归纳与审视。

1.2　管理沟通的类型与适用场景

1.2.1　根据沟通组织系统分类

按沟通的组织系统划分，管理沟通主要包括正式沟通和非正式沟通两种类型。

（1）正式沟通

正式沟通是指按照明确的组织原则和规章制度进行内部信息传递与交流的沟通方式，如部门间的文件往来、上下级间的定期谈话等。正式沟通形式严肃、约束性和保密性强、能够保证信息沟通的权威性和较好的沟通效果，是企业传递重要信息和决策指令的常用方式。不过，正式沟通需要依靠组织系统进行信息的层层传递，沟通渠道刻板，传递的速度和时效性较差。

正式沟通指的是计划内的沟通安排，主要涉及以下 3 种类型：

① 定期的书面报告

定期的书面报告指的是员工以周、月、季度或年为单位向管理层提交的关于工作进展和问题的书面文件，如周报、月报、季报和年报等。一般来说，书面报告应具有文字简洁、精练的特点，需要确保每项内容的必要性，避免出现烦琐和难以理解的文字。合理应用书面报告既有助于提高员工看待问题和考虑问题的系统化和理性化程度，也能够在一定程度上增强员工的逻辑思维能力和书面表达能力。此外，当员工和管理层的办公地点处于不同地域时，二者可以通过网络以电子邮件的形式传送书面报告。

② 一对一正式面谈

一对一面谈的重点应与具体的工作任务和目标相关。对管理层人员来说，与员工进行一对一面谈时应保持开放与坦诚，鼓励和引导员工多表达自己的想法。具体来说，正式面谈有助于企业及时发现问题并找出问题解决方法，也可用于讨论一些不便公开的问题，还能够让员工感受到被尊重和重视，进而提高员工对企业的认同感和归属感。

③ 定期的会议沟通

定期的会议沟通指的是按照一定周期以开会的形式进行沟通交流。一般来说，企业在召开会议时应明确会议重点，不开无准备之会，确保每场会议的必要性。会议沟通有助于整个团队互相交流工作进度等信息，帮助员工了解企业的战略目标和价值导向信息，并为企业的管理层人员获取员工反馈提供方便。

（2）非正式沟通

与正式沟通相比，非正式沟通具有以下优势，如图 1-9 所示。

a. 非正式沟通渠道传播的内容更多体现的是员工个人兴趣而非组织利益，甚至有些信息与工作毫不相关。这为内部沟通工作的开展提供了更大的发挥空间和自由度，可以通过与员工交流其感兴趣的话题拉近与他们的距离，获得更多的资源和支持。

b. 与正式渠道需要经由各层级逐步传递信息不同，非正式沟通渠道没有太多需要遵循的程序和流程，再加上传播内容多是员工感兴趣或与他们利益相关的，因此信息流通的阻力更小，沟通速度更快。

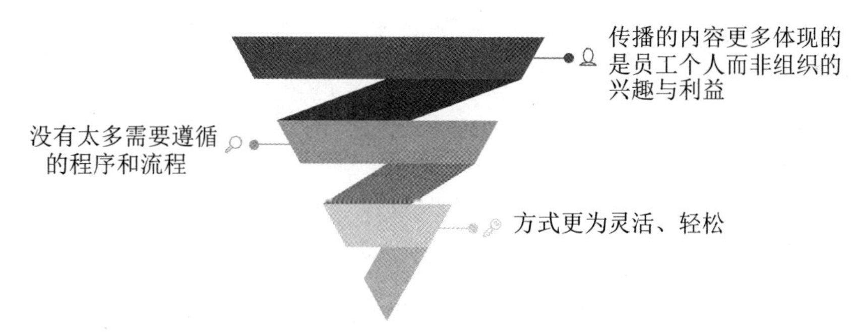

图 1-9　非正式沟通的主要优势

c. 相比严肃刻板的正式沟通，非正式沟通方式更为灵活、轻松，因此任何企业的员工都有从非正式沟通渠道获取信息的诉求。企业必须深刻理解员工的这种必然性需求，积极构建非正式沟通渠道，在满足员工非正式沟通需求的同时获取更多反馈信息，实现更高效的企业管理。

不过，必须审慎对待非正式沟通渠道中的信息，因为与正式沟通渠道相比，这些信息可能是被误读、夸大或曲解的，可能具有片面性，甚至可能背离了初衷。

1.2.2　根据沟通信息流向分类

企业沟通的类型多种多样，从涉及的对象来看，有高层之间的沟通、部门之间的沟通、部门内部的沟通、高层与部门之间的沟通。按照沟通的信息流向进行划分，管理沟通可以划分为三种类型，分别是纵向沟通、横向沟通和交叉沟通，如图 1-10 所示。

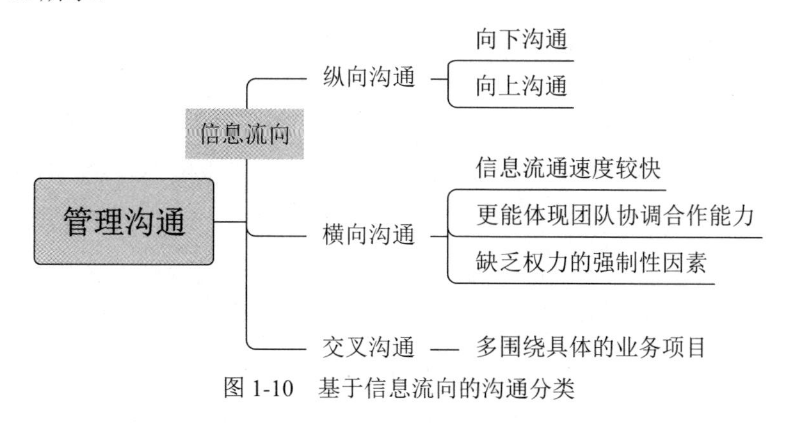

图 1-10　基于信息流向的沟通分类

（1）纵向沟通

纵向沟通是企业内部不同垂直层级间的信息流动与沟通，包括向下沟通和向上沟通两种形式。

①向下沟通

从企业管理层出发，信息（决策、命令、指导、建议、评价等）经由各级管理层逐步向下流动传达给目标受众。这种沟通方式有利于将企业整体目标和相关支持信息传达给目标员工。

②向上沟通

从执行层出发，信息（建议、解释、报告、请求等）向上传递到管理层的沟通方式。企业管理层大都十分关注向下沟通，对向上沟通则不够重视。向上沟通中存在的最大问题就是：对于上级领导的观点与看法，下级不一定能完全理解，但是受上下级关系的影响，下级通常会遵照上级的指示执行。

因此，管理层需要明确上行沟通与下行沟通具有同等的重要性，是了解员工想法、实现更有效监督管理、获取决策或命令反馈不可或缺的一环。只有上行与下行沟通协同发挥作用，才能打造出高效顺畅的纵向沟通渠道，实现信息的垂直双向流动。

（2）横向沟通

横向沟通也叫水平沟通，是处于组织结构同一层次、职责权限相对对等的部门之间或员工之间的信息沟通形式，这有利于促进企业不同部门、不同岗位、不同成员间的信息交流共享，及时发现和消除不同部门或成员间的紧张、矛盾和冲突，推进组织内部的协同合作。

横向沟通在公司发展及战略目标实现方面的认识较为统一，沟通理解方面的问题较少，其跨部门沟通问题产生的主要原因是：组织架构、业务流程、公司薪酬激励机制等内容不合理，使得沟通双方的利益得不到有效协调。即便某个解决方案有利于公司整体目标的实现，但是为了维护部门利益，也可能会有一方不合作、不接受等情况发生。在这种情况下，平行的跨部门沟通就需要上级部门介入、协调，进而演变成上下沟通。

与纵向沟通相比，横向沟通的信息流通速度较快，有助于降低管理层的沟通压力；同时，横向沟通也更能体现组织的团队协调合作能力，提升员工的组织认同感与忠诚度。不过，横向沟通缺乏权力的强制性因素，沟通双方处于同等地位，容易遇到各种问题，从而影响沟通的顺利实现。

（3）交叉沟通

交叉沟通是指企业内部没有直接隶属关系的不同组织、层级、部门和岗位中的信息流通形式。交叉沟通渠道多是围绕具体的业务项目搭建起来的，是将原本不相干的部门、岗位或成员协调整合起来共同推进业务项目的顺利落地。

在交叉沟通的过程中，由于沟通双方对事情的认识基础与层次不同，所接触、处理的事情不同，非常容易出现理解偏差。再加之，沟通双方不属于上下级关系，二者之间不能以命令、服从的方式解决问题。比如，当 A 部门提出的解决方案不被 B 部门接受时，A 部门就会上诉，寻求 B 部门的领导帮助，在这种情况下，交叉沟通就又演变成了纵向沟通。

虽然纵向沟通能解决交叉沟通、横向沟通难以解决的问题，但这种问题解决方法只能作为临时的、策略性的沟通方法。如果公司内部所有的沟通问题都要以纵向沟通的方法解决，公司各项工作的开展效率与质量都将深受影响。

1.2.3　根据沟通信息反馈分类

沟通可按照信息反馈情况划分为单向沟通和双向沟通两种类型，如图 1-11 所示。

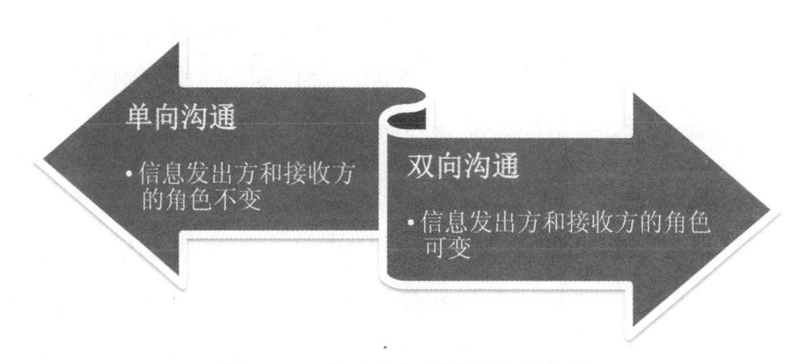

图 1-11　基于信息反馈的沟通分类

（1）单向沟通

单向沟通是一种信息发出方和接收方在沟通过程中的角色不变的沟通方式。发出方只负责发送信息，接收方也只负责接收信息，例如演讲、上课、学术报告以及上级对下级的指示等。

单向沟通具有信息传递速度快、信息权威性有保障等优势，但同时也存在沟通效果得不到保障、沟通结果难以确定、接收方易出现抗拒心理等不足之处。一般来说，当工作任务具有急迫性和简单性的特点时，企业大多采用单向沟通的方式来与员工进行沟通。

（2）双向沟通

双向沟通是一种信息的发出方和接收方在沟通过程中不断转换角色的沟通方式。接收方在接收到信息后需要进行反馈，而发出方在发送信息后也要接收这些反馈信息，以确保对方能够理解自身所表达的信息。比如，讨论、协商、会谈、交谈等均属于双向沟通。

在双向沟通过程中，接收方不仅要接收信息，还要反馈意见，由此可见，接收方在双向沟通中的参与感较高，同时双向沟通也表现出了信息传递准确性高和有利于维护人际关系等优势。但接收方的反馈中可能包含质询和批评等内容，易对发出方造成较大的心理压力，且双向沟通的信息传递速度较慢，双方在沟通过程中需要耗费更多时间。

（3）单向沟通 vs 双向沟通

单向沟通和双向沟通各有优势和不足，企业需要明确自身实际情况，并据此选择合适的沟通方式。从企业管理角度来看，企业可以在企业宣传和信息传递的过程中采用单向沟通，快速完成信息传递；可以在团队协作项目中采用双向沟通，提高员工的工作效率和满意度。对企业管理层来说，应了解各个应用场景的沟通需求，并以沟通需求为中心灵活运用各种沟通方式。

根据美国心理学家莱维特的研究，单向沟通和双向沟通之间的差别如表 1-2 所示。

表 1-2　单向沟通 vs 双向沟通

维度	单向沟通	双向沟通
沟通速度	较好	较差
内容正确性	较差	较好
工作秩序	较强	易受干扰，条理性不足
心理压力	接收方的心理压力更大	发出方的心理压力更大

通过对比可以看出，双向沟通适用于紧迫性不强但对信息传递准确性要求较高的工作，以及各类复杂度高、熟悉度低、决策重要性强的工作。

除此之外，当层级不同的个体在进行双向沟通时，层级较高的一方还需注意对方的心理因素对沟通的影响。具体来说，当管理层人员与其下属进行双向沟通时，下属可能难以轻松表达自己的所有观点，进而造成沟通障碍，影响沟通效果。对管理层人员来说，在双向沟通时应将自己放到与下属平等的位置上，营造轻松愉悦的沟通氛围，主动弱化心理差距，并提高对不同观点的包容度。

1.2.4　根据管理沟通方式分类

沟通可以按照管理沟通方式划分为口头沟通与书面沟通、语言沟通与非语言沟通，如图 1-12 所示。

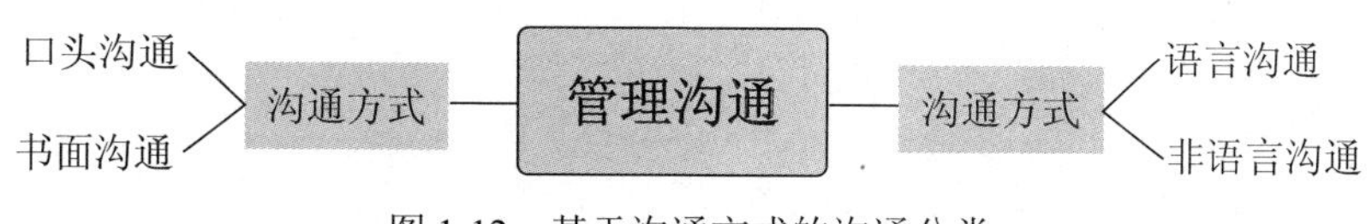

图 1-12　基于沟通方式的沟通分类

（1）口头沟通

口头沟通指的是以口头表达的形式进行信息交流，例如，对话、报告、演说、会议、会谈、电话联系、街头宣传和市场访问等。

口头沟通具有速度快、灵活性强、亲切感高、复杂度低、可行性强等诸多优势，双方在沟通过程中既可以自由交流，也可以辅以表情和动作来提高表达的丰富性和生动性，降低理解难度；但同时口头沟通也存在受空间和人数的限制较大以及保留信息较少等不足之处。

（2）书面沟通

书面沟通指的是用书面媒介的形式进行信息交流，例如，文案、文件、信件、刊物、简报、书籍、书面通知和调查报告等。

书面沟通具有准确性高、权威性强、正式化程度高、信息保存时间长、信息查阅方便、信息传递出错率低以及不易受时间和地点的限制等优势，在科层制度复杂的企业组织中发挥着重要作用；但同时也存在许多不足之处，如不易修改、信息反馈速度慢、耗时较长等。

口头沟通和书面沟通都是组织管理中不可或缺的沟通方式。其中，口头沟通适用于各类一般性、暂时性信息和例行工作信息的传递，一般来说，具有成员数量少、工作场地集中、任务执行性强等特点的班组和科室经常采用口头沟通的方式进行信息交流；书面沟通则更多用来传递各类重要性强或需要长期保存的信息。

除口头沟通与书面沟通之外，依据沟通方式还可分为语言沟通和非语言沟通。

（1）语言沟通

语言沟通指的是以语词符号为载体进行信息交流，通常需要使用到口头语言、文字语言和图表等工具，在人们日常生活中的各项学习和交流活动中发挥着重要作用。一般来说，语言沟通的交流情境中主要包含说和听两项要素，说指的是发出方进行信息传递，听指的是接收方接收信息，同时双方也需要进行心理上的交互。

（2）非语言沟通

非语言沟通指的是使用语词符号以外的形式进行信息交流，例如手势、表情、体态等符号，眼神、眼色等目光接触，语气、语调、语速、音质、音量、节奏等辅助语言，以及身体距离等空间运用情况。

一般来说，语言沟通和非语言沟通之间密切联系、相互作用，共同完成信息的传递和交流。在沟通过程中，发出方应确保语言沟通和非语言沟通的一致性，提高语言符号系统和非语言符号系统之间的配合度，避免出现语言与表情、动作、眼神等在意义上背道而驰的情况，以便获得良好的沟通效果。

1.2.5 根据沟通信息化手段分类

信息技术的不断发展为企业沟通带来了新的渠道和方式。与电话、书面、会议等传统的沟通形式相比，电子邮件、视频会议等信息化沟通形式真正实现了沟通“无处不在、无时不在”，为企业开展内部沟通带来了极大的便利和新的思路。企业常用的信息化沟通方式如图 1-13 所示。

（1）网络沟通

即使用互联网渠道与成员进行沟通，可从“内网”和“外网”两方面进行分析：

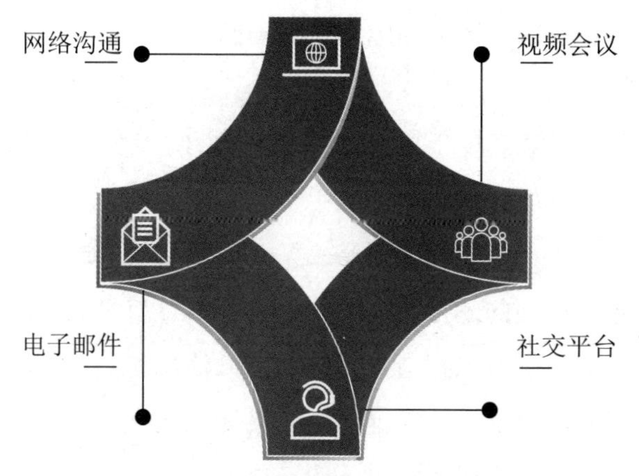

图 1-13　企业常用的信息化沟通方式

a. 内网，指企业内部的“私有”互联网，一般安装有防火墙，非企业成员无法进入。通过内网进行沟通的方式包括发布信息、共享信息、发送电子邮件、发送文件等。由于只有企业内部成员才可以看到内网平台中的信息，因此成员可以更直接明确地表达自己的想法。

b. 外网，即企业内部网络向外部互联网延伸出的链接，是企业实现内外部信息流通交互的主要渠道。借助外部网络，公司内部员工、管理者与外部的供应商、战略合作伙伴等诸多参与方被整合到同一个平台（如官方网站）实现了连接与交互。

（2）电子邮件

通过电子邮件沟通已成为当前企业内部沟通的主要方式之一，这种沟通方式不仅大幅降低了信息传播成本，提高了沟通的时效性和灵活性，也减少了纸张的使用，节约了办公成本。因此，企业可以直接以部门的名义，使用内网或外部互联网地址注册邮箱，通过相互发送邮件的方式与员工随时沟通交流，实现企业内部信息的灵活、高效、顺畅流通。

不过，对于一些比较复杂的话题和沟通内容，电话或面对面沟通可能比电子邮件沟通效果更好。此外，电子邮件的沟通方式也可能会造成时间浪费、信息超载或误读等情况。

（3）视频会议

主要是利用互联网软件、小型摄像头、麦克风、电脑显示器等软硬件工具，将分散在不同地理空间中的成员组织聚合到线上平台进行沟通。视频会议的沟通方式为成员因出差、调研等情形的远程交流沟通提供了有效解决方案。

（4）社交平台

移动互联网的发展和智能手机的推广普及推动了移动化办公模式的兴起，越来越多的企业和员工开始直接利用智能手机设计电子表格、管理办公邮件以及提供照片、视频等资料支持。智能手机带来了更为便捷的沟通方式，能够帮助企业真正实现与员工随时随地的连接交互。比如，微信目前已成为国内最具影响力的社交平台之一，企业不仅可以打造自己的企业微信号和公众号，也可以鼓励成员互相添加为微信好友，通过微信进行轻松、灵活的交流沟通。

企业在构建信息化的沟通系统时，应该以管理信息系统为主导，使得企业信息化管理得以顺利推行。企业的管理信息系统要具备三种信息服务功能，一是确定信息需要，二是搜集信息，三是处理和使用信息。企业构建完善的信息系统能为各部门查阅、整理信息提供方便，从而使跨部门沟通的时间有效缩短、效率大幅提升、成本有效减少。

1.3 管理沟通理论模型及其应用

1.3.1 乔哈里视窗模型

乔哈里视窗（Johari Window），又称“自我意识的发现——反馈模型”，是一种针对沟通问题的技巧和理论，在20世纪50年代由美国心理学家约瑟夫・卢夫特（Joseph Luft）和哈里・英汉姆（Harry Ingham）提出。该理论用窗子来比喻人际沟通的信息，窗子包含开放区、隐秘区、盲目区、未知区四个区域，将四个区域有机融合起来就可以实现人的有效沟通。

（1）乔哈里视窗理论模型

乔哈里视窗的四个区域，实际是按照自我的视角和他人的视角划分的四个象限，如图1-14所示。

① 开放区（Open Area）

这一区域包括个体的行为、思维、感觉、态度，代表个体身上公开明确的标签，这些信息个体和他人都能看到，对于双方来说都是已知的。

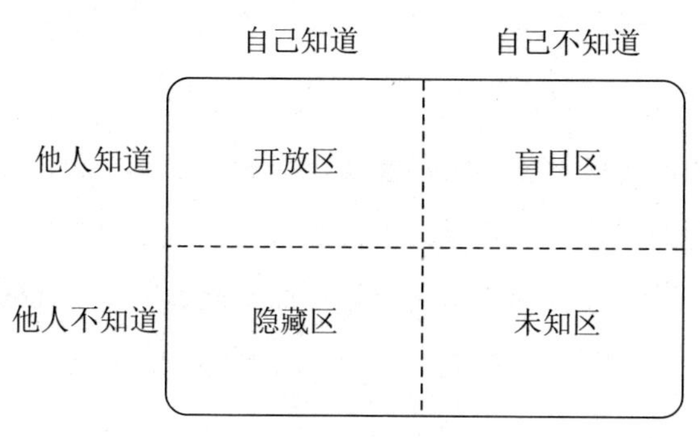

图 1-14　乔哈里视窗理论模型

② 盲目区（Blind Area）

指个体看不到而他人能看到的部分，如某些个体自己意识不到的不太好的习惯。为了打破盲目区带来的认知局限，个体需要他人的反馈，从而对自己有更全面的认识。

③ 隐藏区（Hidden Area）

这是属于个体的私人区域，其中的信息只有个体知道，不向他人分享，或涉及隐私及敏感问题。随着了解的深入和感情的增进，隐藏区会逐渐向他人开放。

④ 未知区（Unknown Area）

这一区域的信息个体和他人都未曾知晓，它可能是潜能、待学习的知识、待拓展的视野等，个体和他人可共同探索，窥见该区域的真容。

运用乔哈里视窗理论，个体和团队能够更好地发现和认识沟通中存在的盲点，使人际关系变得更加和谐融洽，推动共同发展，实现合作共赢。

（2）乔哈里视窗的应用技巧

① 开放区的应用

如果一个人的开放区占比最大，他的许多信息都是非常透明的，是每个人都可以了解的，那么人们会认为他性情随和，乐于与他人交往。对于这样的人，人们会多一份信任，愿意与他展开合作性的沟通。对于个体而言，多表达自己的见解，经常从别人处寻求看法和反馈，可以扩大自己的开放区。

我们能够发现，多说多问不单是沟通中用到的一种技巧，也是赢取他人信任的一把钥匙。多表达自己，多询问他人的意见，能加深彼此之间的了解，也能表明自己是一个坦诚的、值得信任的人。建立起了解和信任，能够使沟通变得更加容易、更加顺畅。

② 盲目区的应用

如果一个人的盲目区占比最大，那该个体倾向于是一个不拘小节、不重视他人感受的人。他有许多缺点和不足而不自知，而这些不好的方面别人都能够意识到。正是由于他只顾夸夸其谈、自说自话，而不向他人发出询问寻求反馈，才形成了过大的盲目区。因此，在沟通中要注意多询问他人，了解他人对自己的看法。

③ 隐藏区的应用

对于一个隐藏区占比最大的人，人们不知道他的大多数信息，因而会认为此人很神秘，不是一个愿敞开心扉的人。由于了解程度太浅，人们很难对这样的人产生信任，相反还有可能产生防范和猜疑的心理，因此往往不倾向于与此种类型的人进行沟通或展开合作。可见，过度隐藏自己，致使隐藏区过大，是沟通的极大阻碍。

④ 未知区的应用

一个人的未知区占比最大，即自己和他人都对他的信息缺乏了解。未知区大的人既不表达自己，也不寻求他人的意见，这样就使自己处在一种非常封闭的状态，许多机会都无从接触，个人发展受到很大阻碍。

因此，个体如果期望自己的未知区变小，应该通过自我发现或询问他人，对自己有更多的了解，同时也要善于让自己的信息为他人所知，为自己赢得更多的发展机遇和可能性。

1.3.2 金字塔沟通原理

金字塔沟通原理依照重要性和优先级对信息进行分类，这是其核心思想。金字塔沟通原理有助于实现更清晰、更简洁、更明确的沟通。金字塔沟通原理的应用场合有商务谈判、团队协作、个人交流等。

（1）金字塔沟通原理的基本原则

金字塔沟通原理的基本原则如图 1-15 所示。

① 重点优先

沟通时要把重点放在最前面，让对方更容易注意到重要的信息，避免主次不分明造成的信息混乱。

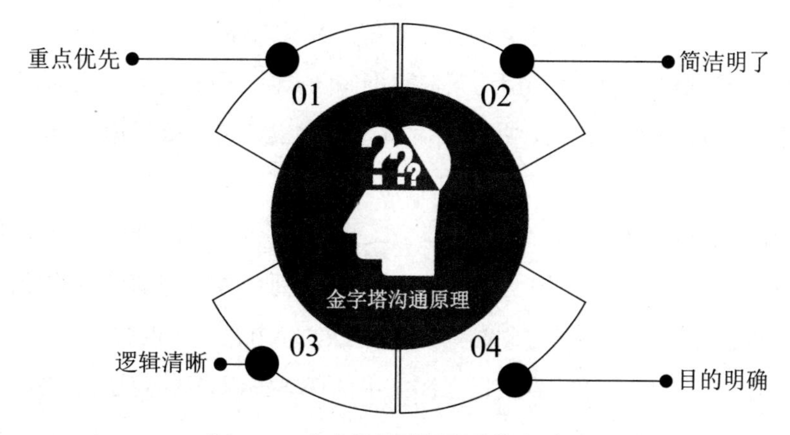

图 1-15　金字塔沟通原理的基本原则

② 简洁明了

信息的表达要做到简洁高效，遣词造句应避免冗长繁复，降低信息理解和接受的难度，提高沟通效率。

③ 逻辑清晰

表达信息时应当做到逻辑清晰顺畅，思路连贯不跳跃，以便对方把握信息的脉络，抓住信息的重点。

④ 目的明确

沟通时要明确自己的目的，并将目的清晰地表达出来，对方清楚自己的意图和期望之后，沟通将会变得更有针对性，沟通的方向将更加明晰。

（2）金字塔沟通原理的应用场景

金字塔沟通原理的应用场景有很多，包括组织内部沟通、项目管理、团队协作等，下面我们将给出示例。

① 组织内部沟通

在组织内部，信息的传递依照金字塔沟通原理来进行，沟通将更加顺畅。管理者借助金字塔沟通原理向下属传递核心信息，下属理解并接收核心信息，做到按管理者的要求行动。同时，下属向上级传递信息时，也可遵照金字塔沟通原理，让管理者了解到下属的工作状况或其他方面的信息，为管理者提供参考。

② 项目管理

项目管理有项目目标、计划和进展等核心信息，在金字塔沟通原理的指导下，这些信息由项目经理传递给项目组成员，并且沟通是逐级进行的，每一位参与项目的成员都对自己的任务和责任有明确的认识。同时，金字塔沟通原理也可用于项目组成员间的沟通，提出并讨论项目中遇到的问题，给出相应的解决方案。

③ 团队协作

团队协作中，在金字塔沟通原理的指导下，团队成员理解和接收团队目标、分工、工作计划等核心信息，同时与其他成员进行沟通，实现成员之间信息的准确传递，在逐级沟通中认识到自己在团队中的任务和职责，各成员团结协作完成任务。

1.3.3 SCQA 沟通模型

SCQA 模型由麦肯锡咨询公司有史以来首位女性顾问芭芭拉·明托（Barbara Minto）在《金字塔原理》一书中提出。这个模型可以帮助人们实现有效沟通，增强思考的逻辑性，组织起说服力更强的论述。

(1) SCQA 模型的构成要素

SCQA 沟通模型如图 1-16 所示，其构成要素主要包括四点。

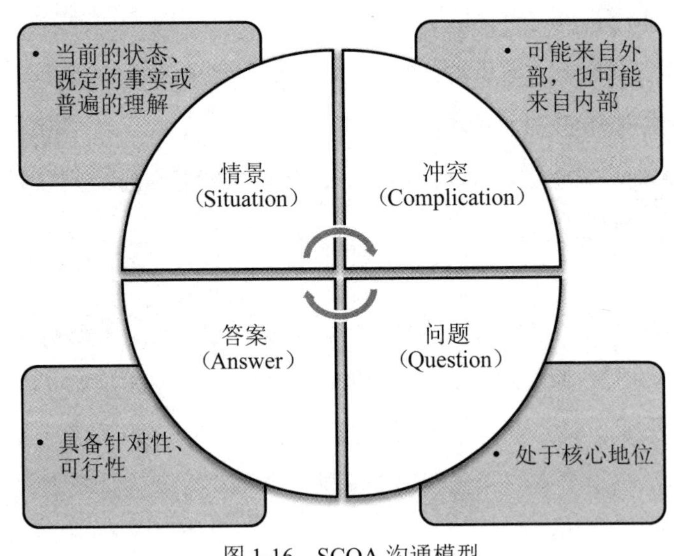

图 1-16　SCQA 沟通模型

① 情景（Situation）

SCQA 模型开始于情景，这是整个沟通的背景。情景包含当前的状态、既定的事实或普遍的理解。举例来说，一次商业演讲的情景可能是公司的性质、经营状况、市场定位，以及行业的趋势，或者是目标客户群体。听众要以情景为基础和参照进行信息的理解，因此应保证情景的明确清晰，为听众的理解提供便利。

② 冲突（Complication）

情景是确定的设置，其本身是较为稳定的，而冲突意味着问题和挑战，是对情景的冲击。冲突可能来自外部，也可能来自内部，外部冲突如市场的变化、政策的调整，内部冲突如人员变动、成本上升。冲突的出现使听众的情绪得到了调动，也为提出问题和给出答案搭建好了舞台。

③ 问题（Question）

紧随冲突到来的是问题，由冲突直接引发的问题在 SCQA 模型中处于核心地位，因为主要的论点由它来引出。问题应当明确，且与听众关注的核心议题直接相关。面对市场竞争愈发激烈这样一个冲突，提出的问题就可能是“应采取何种策略在竞争中取得优势”。

④ 答案（Answer）

答案部分包括对问题的回应以及解决方案。答案应该具体，且具备很强的针对性。在商业演讲中，答案或许是推动新产品研发、更新人员架构、调整市场策略等。要在答案和情景、冲突、问题之间建立紧密的联系，答案需具备可行性，应给出切实有效的解决方案。

（2）SCQA 模型的四种表达模式

SCQA 的实用性非常强，对于日常生活中可能遇到的各种沟通场景，它基本都能给出令人满意的解决方案。

SCQA 模型四个部分的顺序不是固定的，可以根据具体情况进行调换，同时这四个部分也不一定要全部出现。日常对 SCQA 模型的运用一般采取四种表达模式：情景——冲突——答案构成的标准式（SCA）、答案——情景——冲突构成的开门见山式（ASC）、问题——冲突——情景——答案构成的突出忧虑式（QCSA）、问题——情景——冲突——答案构成的突出信心式（QSCA），如图 1-17 所示。

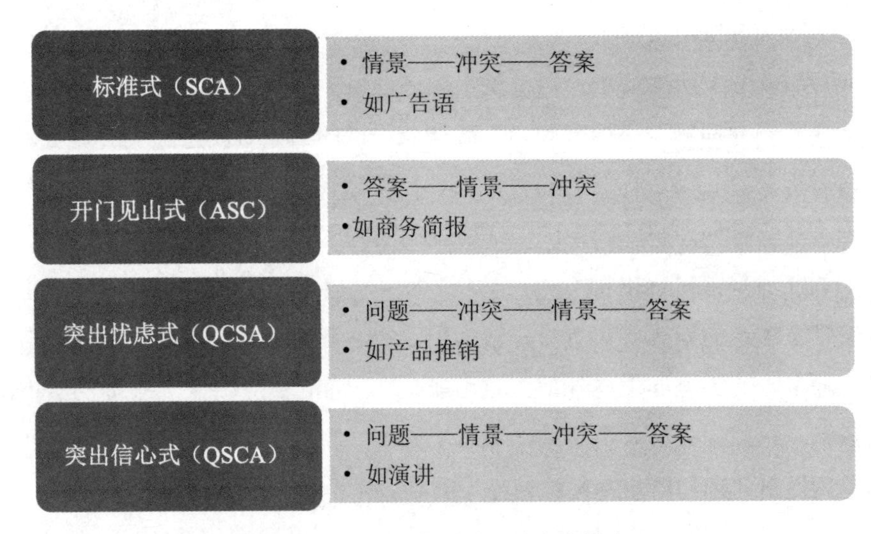

图 1-17　SCQA 模型的四种表达模式

比如，向领导汇报销售激励计划是开门见山式（ASC）的适用场景之一，在这一场景中，应首先拿出答案即汇报的提案，而后叙述情景即当前的市场环境，再解释冲突即现有制度存在的问题，最后描述出采纳提案会得到的效果，询问领导是否将对提案予以采用，这就是该场景下的问题。

突出忧虑式（QCSA）的适用场景则可以是向客户推销产品。在该场景下，首先展现问题即客户的痛点；随后展现冲突即客户亟待满足的需求；接着描绘背景即竞品的状况，尤其是竞品存在的短板；而后给出答案，也就是要推销的产品；最后向客户提出问题，询问其是否有购买意愿。

（3）SCQA 模型的应用案例

2007 年，苹果公司发布了 iPhone，时任 CEO（首席执行官）的乔布斯在发布会上说了一句话："今天的市场上有很多手机，但却没有好用的，我们该怎么办？"说完之后，乔布斯将 iPhone 展示在全世界眼前。乔布斯的话很短，用词也非常直白，但却引起了足够多的关注，取得了很好的表达效果。

我们不禁要问，这看似简单的话语中究竟蕴含着何种玄机？实际上，这段话运用的正是 SCQA 这一经典模型。

乔布斯首先说出市场上有很多手机，这是介绍了情景，接着说这些手机都不好用，此即对冲突的描绘，随后提出了问题“我们该怎么办”，而新发布的 iPhone 就是问题的答案，它将为目前缺乏亮点的手机市场带来改变。通过乔布斯的案例，我们能够认识到 SCQA 模型的效用，它让我们的沟通和交流变得更加有条理，能够取得更好的效果。

在商业谈判、公共演讲、广告策划、故事叙述、报告写作、知识讲解等许多场景下，人们需要清晰地表达出自己的观点，传递有效的信息，这些场景都可以用到 SCQA 模型。它可以使表达更有条理、逻辑更加严密，进而提高信息传递的效率，使沟通和交流变得更加顺畅。

1.3.4 PREP 沟通法则

PREP 法则由美国演说家博恩·崔西（Brian Tracy）提出，具体由结论（Point）、依据（Reason）、事例（Example）、重述结论（Point）四个部分组成，借助这一模型可以增强表达的逻辑性和条理性，让沟通变得更加有效。

（1）PREP 沟通法则的应用步骤

PREP 沟通法则的应用步骤如图 1-18 所示。

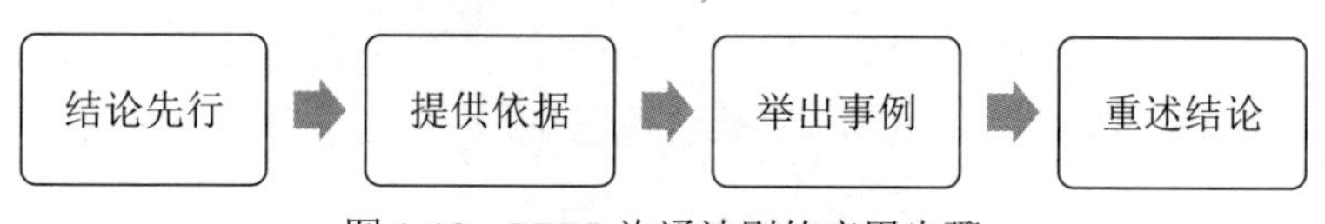

图 1-18 PREP 沟通法则的应用步骤

① Point：结论先行

沟通时要先给出自己的结论，明确结论能够使听众迅速把握表达的核心和重点，有利于听众对后续内容的理解。比如在项目讨论会上，第一句话可以这样说：“在我看来，A 方案是更好的选择，因为它更符合客户的需求。”

② Reason：提供依据

结论明确之后，要给出相应的依据，即能够支撑结论的事实案例、统计数据、文献资料以及其他信息。比如为了支持选择 A 方案的结论，可以这样说：“市场调研结果显示，功能丰富齐全且操作难度低的产品更受客户欢迎，A 方案能更好地适应这些需求。”

③ Example：举出事例

事例是对依据的补充，通过具体的、现实发生的事例，听众能够获得更直接的感受，有利于听众对观点的理解。比如采用成功案例增强观点的说服力："我们为客户定制过与A方案类似的产品，市场对该产品的评价很高，销售成绩也非常出色。"

④ Point：重述结论

在沟通结尾重申结论，再次向听众强调核心观点的重要性，加深听众的印象，尽可能保证沟通取得预期效果。比如可以这样总结："综上，为了使项目取得成功，获得更好的市场反馈，我认为应选择A方案。"

（2）PREP 法则的优势

PREP 法则的优势主要体现在以下几个方面，如图 1-19 所示。

① 逻辑清晰

PREP 法则步骤明确，且步骤之间衔接紧密，能够增强表达的逻辑性，使表达更加清晰顺畅、易于理解和领会，从而让沟通交流变得更加高效。

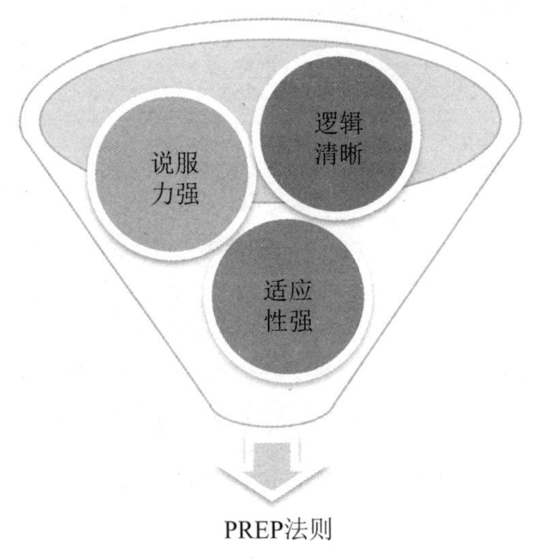

图 1-19　PREP 法则的优势

② 说服力强

PREP 法则中的依据和事例是对结论的有力支撑，能够增强观点的合理性和说服力，使观点更容易为人所接受和认可，对实现合作起到很大的推动作用。

③ 适应性强

PREP 法则具有简单、清晰、有效的特质，这使得它有着广泛的应用范围。在产品推广、商业谈判、社会动员等各种沟通场景下，在面对面交谈、视频会议、电话、书面报告等各种沟通方式之下，PREP 法则都可以帮助我们应对自如。

（3）如何运用 PREP 法则提升沟通效果

① 充分准备

要想更好地发挥 PREP 法则的作用，让沟通达到预期的效果，需要进行一些准备工作，包括理清思路，获取内容翔实、来源可靠的数据，选择与观点相适配的事例等。

② 灵活调整

PREP 法则的框架是固定的，但实际应用时不必完全照搬，可按照具体沟通场景的需要进行灵活调整。例如，根据沟通可用时间的长短决定详细或简略的叙述事例，或根据听众认知水平的差异采用简明或严密的依据。

③ 注重倾听

使用 PREP 法则时要注意倾听，而不是单纯局限于表达。倾听能够从他人处获得反馈，知晓他人的想法和需求，并及时对自己的沟通策略作出调整，这样才能使沟通变得更加有效。

④ 不断实践

实践是巩固技巧的必要途径，要尽可能提高 PREP 法则的使用频率，将每一次沟通都视为 PREP 法则的实践机会，通过实践提高技巧运用的熟练度。

综上所述，PREP 法则是一种简单而实用性强的沟通模型，分为提出结论、提供依据、举出事例、重述结论四个步骤，其优势在于逻辑清晰、说服力和适应性强，通过充分准备、灵活调整、注重倾听、不断实践，可以使 PREP 法则得到更有效的应用。

PREP 法则可以帮助我们应对各种沟通场景，提高沟通效率，让沟通变得更加有效。而成功的沟通能够加深人与人之间的理解，推动合作共赢，创造出更多的现实收益。

1.3.5 Grow 沟通模型

Grow 沟通模型是一种能建立高效协作、解决冲突的重要工具，它包含了四个部分，分别是共同目标（Goal）、现状分析（Reality）、探寻方法（Option）、强化意愿（Will），如图 1-20 所示。

图 1-20 Grow 沟通模型

Grow 模型的应用流程是：沟通双方探寻共同目标；对冲突、冲突与目标之间的差距进行科学分析；以分析结果为基础选择问题解决方案；强化意愿，制订可行的执行计划。

在使用 Grow 模型的过程中，每一步都要以一系列问题来引发双方思考，鼓励双方说出自己的想法，并对这些想法进行整合以形成共识。每个步骤需要考虑一些问题，在具体使用的过程中要灵活地对这些问题进行处理。

（1）共同目标（Goal）

在这个环节中，沟通双方通过提出一系列的问题探索对方期望达成的目标，且在这个过程中让对方对自己的目标有更清晰的认知。为了达成共同目标，沟通双方要思考的问题有：

- 对方的目标是什么？输出什么成果？何时输出成果？
- 我的目标是什么？输出什么成果？何时输出成果？
- 双方的共同目标是什么？要达成这个目标各自需要做出什么样的调整与努力？

（2）现状分析（Reality）

在这个环节，通过对现状进行深度分析，明确现实与目标之间的差距，并探索需要做出怎样的改进。需要注意的是，对现状的分析应该谨慎，而不能仅靠直觉或简单分析便得出结论。因此，沟通双方要思考的问题有：

- 要实现共同目标，现阶段我们面临的问题有哪些？这些问题是何种性质？导致问题产生的原因是什么？
- 要实现共同目标，现阶段我们面临的困难有哪些？资源是否充足？时间是否充裕？哪些工作可能难以完成？
- 要实现共同目标，我们希望从对方那里获取哪些支持？
- 目标实现的过程中存在哪些风险？

（3）探寻方法（Option）

由于不同的个体在思维模式、过往经历等方面均可能存在差异，因此把自己的建议强加给对方往往难以获得理想的效果。因此，要探寻达成目标的方法，更需要通过提问引导来激发对方的潜能，使其主动获得合适的解决方案。在这个环节，沟通双方要考虑以下问题：

- 采取何种解决方案能解决问题？
- 采取何种解决方案能克服困难？
- 采取何种解决方案能防范风险？

（4）强化意愿（Will）

经过对共同目标的探索、对现状的深入分析以及对方法的主动探寻后，双方已经基本获得了较为完善的问题解决方案。但由于执行存在难度等，个体在后续的过程中可能会产生退缩心理，因此就需要及时跟进反馈，强化对方的意愿。在这个环节，沟通双方要明确工作任务、成果标准、责任人、工作计划等内容，实时沟通，落实问题解决方案，以实现共同目标。

第 2 章

跨部门沟通机制建设

2.1 跨部门沟通的障碍类型及障碍因素

2.1.1 沟通壁垒的主要类型

跨部门沟通是国内企业长期面临的一大痛点，部门沟通壁垒的存在导致企业效率低下，难以应对激烈的市场竞争。

对于成长型企业来说，由于规模较小、组织结构简单，组织成员之间的沟通较为便利，整个企业比较有活力。但通常来说，一个管理者的管理幅度是相对有限的，当团队人数较多时，就应该对团队进行划分。换言之，当企业发展到一定的规模后，整个组织就会被分散成多个部门，每个部门都有自己的目标及利益诉求。而企业被划分为多个管理层次后，虽然能够做到专业分工，由各部门负责各自的工作，但这也容易引发相互推诿、效率低下等问题，而且在部门之间的衔接环节尤为严重。

跨部门协作是企业界的普遍难题，影响因素具体涉及组织结构、利益分配、岗位权责、考核机制、企业文化等多个方面。在跨部门协作中，从属于不同部门的员工会更加倾向于关注本部门的利益，而忽视其他部门的感受。表 2-1 所示为跨部门协作问题示例。

表 2-1　跨部门协作问题示例

涉及部门	引发的问题
销售部门与客服部门	销售部门为了达成业绩，许诺客户可能无法实现的优惠条件，而感觉被欺骗的客户则将所有的怨气都发泄到了客服人员身上
产品部门与营销部门	产品部门不注重用户需求，一味从技术角度研发产品，给营销部门带来了极大的阻力
财务部门与研发部门	财务部门过于关注成本的控制，导致研发部门的很多研发项目被迫搁浅

业内人士将企业内部出现的类似情况称为“部门墙”，在国内企业尤其是大型企业中，部门墙十分常见，这种横亘在部门之间的无形之墙严重影响了企业运

行效率，对企业发展造成了巨大阻碍。

现如今，企业发展速度越来越快，内部跨部门沟通也就变得越来越重要，企业要想提升工作效率就必须提升内部跨部门沟通的效率和质量。但是，在实际工作的过程中，受同级部门职能不明、沟通者素质差异较大、沟通方式不当等问题的影响，企业内部跨部门沟通出现了很多问题，更加难以协调。

概括而言，跨部门之间的沟通壁垒大致可划分为三种类型，分别是分歧型、回避型和矛盾冲突型，如图 2-1 所示。

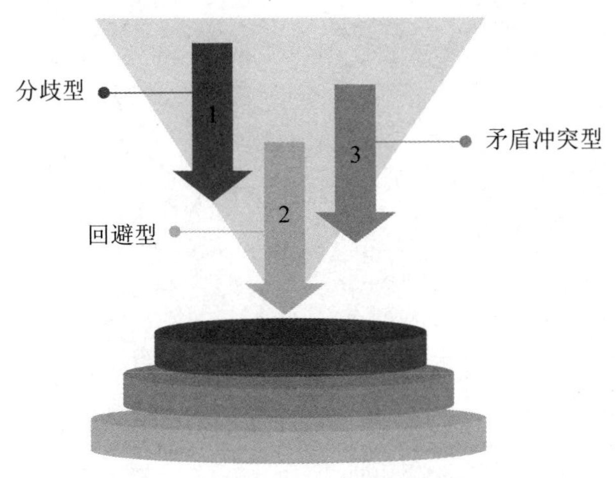

图 2-1　跨部门沟通壁垒的三种类型

① 分歧型

部门员工站在不同立场考虑问题，就会衍生出不同的工作内容及方法，容易造成如上述客服、销售、产品等部门之间相互指责、推诿扯皮的现象。

② 回避型

各部门为了逃避责任、维护本部门利益等，可能会对问题视而不见，使得工作无法正常开展，公司的整体运作效率越来越低。

③ 矛盾冲突型

如果部门沟通不畅，就可能逐渐累积各种矛盾和摩擦，而矛盾的增加则会进一步加剧部门间的隔阂，甚至激发剧烈的冲突，致使跨部门工作的难度越来越大。

归根结底，跨部门沟通就是部门与部门之间为了达到某种目标，相互传递信息、思想与情感的过程。企业跨部门沟通的目的主要有如图 2-2 所示的三种。

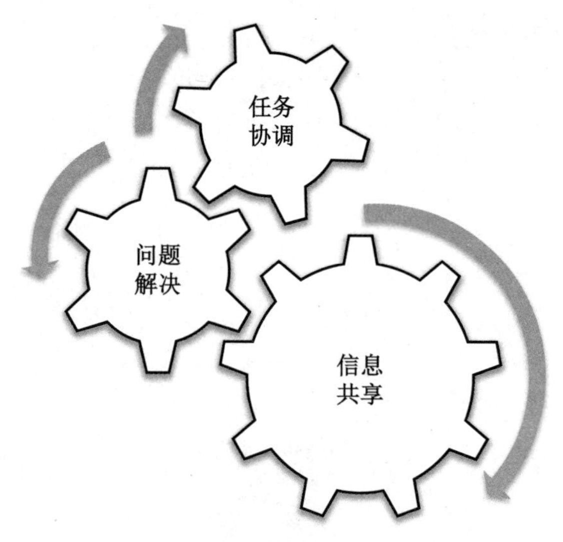

图 2-2　企业跨部门沟通的目的

① 任务协调

许多企业每个月都会召开一场例会，在会议上，管理者会分配一些工作，为了更好地完成这些工作，各部门成员要相互协作。在这种情况下，为了更好地协调任务，企业就需要开展跨部门沟通。

② 问题解决

各部门员工在收到任务之后，需要和其他部门的员工协商、探讨任务处理方案，制订任务开展计划，明确职责分工等。在这个过程中，各部门员工还有可能进行头脑风暴。为了更好地开展任务、解决问题，企业需要开展跨部门沟通。

③ 信息共享

比如，企业某部门为了和其他部门分享最新的行业或市场信息，就要开展跨部门合作，让不同部门的成员能够进行沟通、交流。

企业要使各个部门间能沟通顺畅，既要从企业文化层面鼓励员工进行沟通，又要将其落实到具体的部门，同时调动全体员工的参与度。另外，沟通也受到多种因素的影响，比如企业属性、场合、双方谈论的内容等，需要在认清当前具体情况的基础上，结合企业及部门自身的特点，采取适当的沟通方式。

2.1.2　沟通障碍的消极影响

企业管理中，通常会根据内部分工进行部门划分。从理论层面来分析，若不同部门间沟通顺畅，能够高效协同，就能推动企业的整体发展。然而，事实情况可能并非如此，很多企业的部门之间难以建立高效的沟通机制，会因为多种因素产生沟通障碍。而企业各部门之间的沟通存在问题，就会给各部门或者整个企业的发展带来消极影响，如图 2-3 所示。

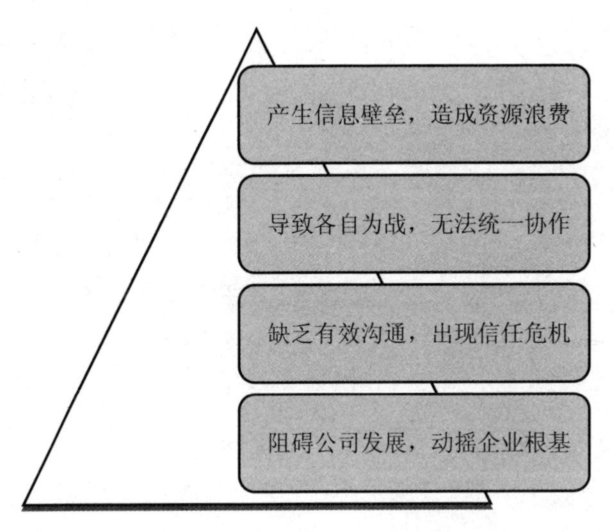

图 2-3　沟通障碍的消极影响

（1）产生信息壁垒，造成资源浪费

如果沟通不顺畅，不同部门之间就容易产生信息壁垒。举例来说，对于企业内某条重要信息，负责传达该信息的部门将其交给第二个部门来处理，但该部门却没有将信息传达下去，导致对此信息存在需求的第三个部门处于未知状态。

如此一来，由于跨部门沟通不够高效和顺畅，第三个部门需要自行重新获取信息，从企业层面看这就造成了资源浪费。但这种情况完全是可以避免的。若负责处理信息的第二个部门在完成处理工作后将信息发送到公司平台上，或者第三个部门在对该信息产生需求时，能够主动与前两个部门进行沟通，都可以避免资源浪费，并加速信息流转速度。

（2）导致各自为战，无法统一协作

如果团队成员间缺乏有效的沟通，其执行力就会大大降低，在遇到问题时也难以集中力量去应对。有效的沟通能够使不同部门之间的联系更加紧密，推动企业内部信息流的有效传达。如果企业部门之间存在沟通问题，各个部门之间相互独立、彼此分隔开来，仅局限于自身的发展需求，就无法实现统一协作，可能这种情况暂时不会导致危机的产生，但立足于企业长远发展的角度来分析，沟通问题必然给其发展带来消极影响。

随着时代的发展与技术的进步，企业对团队合作的重要性有了新的认识，开始注重各个部门之间的配合，通过团结内部一切力量获取竞争优势。当企业在发展过程中需集中所有部门的力量开展某个项目或进行战略实施时，就对部门间的沟通提出了要求。若各部门之间存在沟通问题，企业就难以调动全体员工参与的积极性，在做前期动员工作时会觉得无从下手。

其中的主要原因在于，各部门之间缺乏有效沟通，成员间的心理距离在短时期内难以拉近，部门之间如果因临时性的工作要求需要无缝对接，难免会面临严峻挑战。而不同部门各行其是，公司就无法充分发挥自己的竞争实力、难以保证执行效率，若部门之间的配合不得当，反而会给公司发展造成阻力，更加难以达到预期目标。

（3）缺乏有效沟通，出现信任危机

出现跨部门沟通不畅现象时，企业不同部门以及团队成员之间的关系往往不够融洽，对其他部门、其他成员的工作能力及负责事项的认识都比较模糊，在出现紧急问题需要合作处理时，接到任务的部门就可能怀疑其他部门是否能够很好地处理相关事项，担心最终效果无法达到自己的预期，表现出对其他部门的不信任。

出现这种情况的原因在于，部门及成员间缺乏有效的沟通，存在信任危机，影响了团队间的合作。通过分析能够发现，只有通过沟通，加深合作双方的了解，增强团队凝聚力，才能够顺利完成工作，并达到期待中的效果。

（4）阻碍公司发展，动摇企业根基

当今企业无不面临日益激烈的竞争和瞬息万变的市场，企业也逐渐意识到信息资源的价值所在。对企业而言，信息意味着更广阔的发展前景，为了提高自身的竞争实力，企业必须保证内部信息流的畅通。

当企业开展重点项目或推行核心战略时，信息的重要性表现得尤为突出，若在关键时刻企业部门间因缺乏有效沟通导致信息闭塞，就可能错失发展机遇。所以，企业要想脱颖而出，就必须采取有效措施加强各部门之间的沟通交流。

2.1.3 跨部门沟通的障碍因素

在生活节奏不断加快及行业竞争不断加剧的背景下，企业应该为员工创造更具互动性与协作性的组织文化与工作氛围。GE（美国通用电气公司）、松下电器、普华永道等诸多国际巨头都十分重视企业内部沟通。

比如：GE 公司的前 CEO 杰克·韦尔奇（Jack Welch）表示："管理就是沟通、沟通再沟通。" 松下幸之助则表示："企业管理过去是沟通，现在是沟通，未来还是沟通。" 既然沟通如此重要，为何许多企业各部门之间往往还是不能实现高效及时的沟通呢？最大问题恐怕就在于其内部存在着影响跨部门沟通的障碍因素。

企业跨部门沟通的障碍因素主要包括两个层面：个人层面及组织层面，如图 2-4 所示。

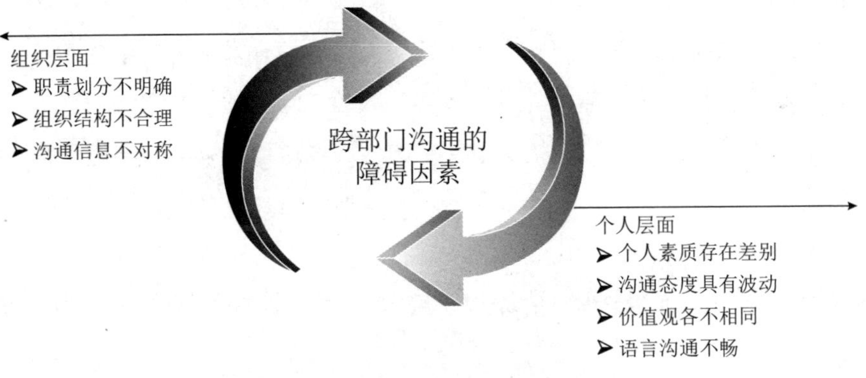

图 2-4 跨部门沟通的障碍因素

（1）组织层面

下面我们首先对组织层面进行简单分析。具体来说，组织层面导致跨部门沟通不畅的原因主要体现在以下几个方面。

① 职责划分不明确

企业各部门之间的权责不明确在企业界是普遍存在的，职能交叉、责任不明等问题对跨部门沟通存在严重的负面影响。最为常见的就是，一旦出现问题，各部门之间就相互推诿，而不是积极解决问题，导致企业整体运营效率明显降低。

部门分工不明、职责相互重叠、制度流程过长都有可能导致部门沟通问题出现，由于职责不明，部门间相互推卸责任、重复同一项工作、工作效率低等问题经常发生。

② 组织结构不合理

在传统企业中，组织结构问题十分突出。经过多年的发展，一些企业虽然规模已经十分庞大，但整体运营效率却相当低下，组织层级众多，部门林立，“山头主义”盛行，身患“大企业病”的它们在激烈的市场竞争中最终只能被淘汰。一项经营任务需要各部门专业化的分工来完成，需要很多部门与环节协同处理。公司虽然有整体经营目标，但整体经营目标细分到各个部门之后形成的部门目标却各有不同。

不难想象，如果企业内部的组织气氛是压抑、严肃的，身处于其中的员工的身心会受到何等的折磨，各部门之间的沟通协作效率会是多么低下。而开放、和谐的组织气氛能够有效促进各部门之间的积极沟通。

③ 沟通信息不对称

组织信息系统是企业各部门之间进行交流沟通的有效渠道，渠道不畅会造成信息传递受阻，甚至引发部门“信息孤岛”问题。沟通是信息交流的过程，对于企业跨部门沟通来说，信息系统是最重要的沟通渠道，如果沟通渠道不畅，沟通双方就无法掌握对称的信息，进而会诱发一系列问题。

（2）个人层面

基于员工个人层面来分析，导致跨部门沟通障碍的原因主要体现在以下几个方面。

① 个人素质存在差别

成员在学历、情商、经历、知识体系等方面的差异会导致其对事物的评价标准不同，进而可能引发分歧，从而产生跨部门沟通障碍。

比如，企业生产部门的员工大多来自基层，性情爽直，说话语气比较直接；而法律部门的员工多出自高校，可能无法接受生产部门员工的说法方式及行为方式，使得两个部门的员工无法有效沟通，即便是一件小事也可能沟通不畅。

② 沟通态度具有波动

在跨部门沟通过程中，个体或部门的态度将会直接影响沟通的效率及质量。积极乐观的态度能够促进沟通双方充分交换意见、分享有价值的信息、更为主动地解决问题等；而消极悲观的态度则会让沟通双方容易引发矛盾，甚至将沟通变为争吵。

人们的情绪、态度会受到多种因素的影响，虽然企业强调禁止员工将个人情绪带入工作中，但人不是机器，喜、怒、哀、乐等都会对跨部门沟通的效率及质量产生直接影响。跨部门沟通要讲究方式方法，合理的沟通方式能让沟通效果大幅提升，不合理的沟通方式则会导致沟通失败。

③ 价值观各不相同

认知体现了个体对事物的了解程度、看法、观点等。在心理学层面，认知活动被视作人类对外部信息的处理过程。由于受教育程度、性格等因素的影响，有些员工可能对于某件事情存在一定的偏见。

比如，某位人力资源部门的员工对于自身在企业发展中扮演的角色缺乏清晰的认识，体会不到自身的价值，总是感觉工作毫无意义，这就是一种认知偏见。而这种偏见会对跨部门沟通带来巨大的阻碍，容易造成部门之间的矛盾冲突。

人对外界事物评价的标准深受其过往经历、知识体系、认知能力、角色地位、所处环境等因素的影响，如果部门员工的经历不同、知识体系不同、认知能力不同、角色地位不同、所处环境不同，其价值观通常也就不同，跨部门沟通就会遇到各种障碍。

比如，在某公司中，市场部与销售部是两个独立的部门，市场部员工的文化程度普遍较高，善于利用专业知识对问题进行理智的分析，喜欢策划一些有助于提升品牌影响力、增加产品销量的市场推广活动；销售部门的员工阅历丰富，相较于理论知识来说更注重行动，喜欢使用促销、买赠等方式增加产品销量。市场部与销售部关系密切，但由于两者在观念上有很大的差异，在工作过程中难免产生分歧，也就增加了企业的隐性内耗。

④ 语言沟通不畅

语言是人们进行交流沟通的有效工具，而不同国家、不同种族、不同背景等，都可能造成员工使用的语言存在差异。尤其在外资企业、合资企业及跨国企业中，员工之间的语言差异会十分明显，而这种差异会对部门之间的沟通带来较大的阻碍，影响员工与员工之间、部门与部门之间交流协作的效率及积极性。

2.2 机制构建：实现高效能跨部门沟通

2.2.1 整合目标：明确岗位职责

现代企业的组织架构正逐渐从以往垂直化的科层形态向扁平化、网络化模式转变，这为跨部门、跨文化、跨边界的沟通合作提供了有利条件——不同部门、不同成员之间不再有等级森严的上下级关系，可以在平等的位置上进行交流沟通。然而，实际的情形却是：不仅规模较大的组织中不同部门间的沟通协调成本很高，中小型公司也同样受此困扰。

从原因来看，导致跨部门、跨文化沟通成本高昂的因素大致有三个：

- 各职能部门缺乏整体意识，没有将部门目标和利益与组织整体目标统一起来。这就导致部门各自为政，虽然每个部门的目标都很完美，但不同目标间缺乏协同，无法实现整体效果的最大化。
- 不同部门和成员在认知上有差异，如果不能进行公开透明的信息沟通交互并及时反馈，就很容易造成结果与预期目标相比有偏差。
- 企业倡导和构建的整体文化环境与成员交互方式，也会对跨部门沟通效率造成重要影响。

在当前的大部分企业中，成员在内部沟通上花费了大量时间，这不仅加大了企业的运营成本，也不利于运营效率的提升。因此，如何提高组织中跨部门沟通的效率与效果，已成为企业在跨部门沟通协作过程中需要重点关注和解决的问题。

（1）整合与协调各部门目标

部门利益及组织内部的“山头主义”，会造成各部门目标不统一的问题。所以，企业领导者需要对分散的目标进行整合，在符合企业整体战略目标的基础上，对各部门目标进行协调，减少部门之间的利益冲突，促进各部门之间的交流合作。当然，绩效考核机制也要做出相应的调整，从企业整体发展的角度上进行绩效考核，而不能仅单纯地追求各部门效益的最大化。

作为一个复杂的组织体系，企业内部存在众多部门，不同部门和小团体的利益诉求也必然有所差异。虽然每个部门和成员都明白要从组织整体的角度考虑问题，不能因部门利益损害公司利益，但实际上当两者出现冲突时，多数部门和小团体成员都会基于趋利避害的本能而维护部门利益。因此，最关键的是从根源上将部门利益纳入到组织整体利益中，实现两者目标的统一。

① 正视部门利益

正视部门利益是开展跨部门沟通协作的前提。部门利益源于部门的业绩目标，是客观存在、无法忽视的，要想顺利开展跨部门沟通协作，处理好各部门之间的关系，就必须正视、尊重部门利益。

② 正视立场差异

由于部门的利益不同，所以部门员工关注的利益点、看待问题的立场也就不同。因此，跨部门沟通协作必须正视这种立场差异，不要回避、否认，要对这些差异点进行科学分析，求同存异，在差异中寻找切入点进行顺畅沟通。

（2）明确各部门岗位职责

企业进行分工的目的是通过各部门之间的合作实现企业价值最大化，而明确每一个部门的权责是实现跨部门协作沟通的重要基础。为了便于后续的岗位划分及权责明确，企业还要使部门权责实现模块化，图 2-5 所示为企业中职责的划分。

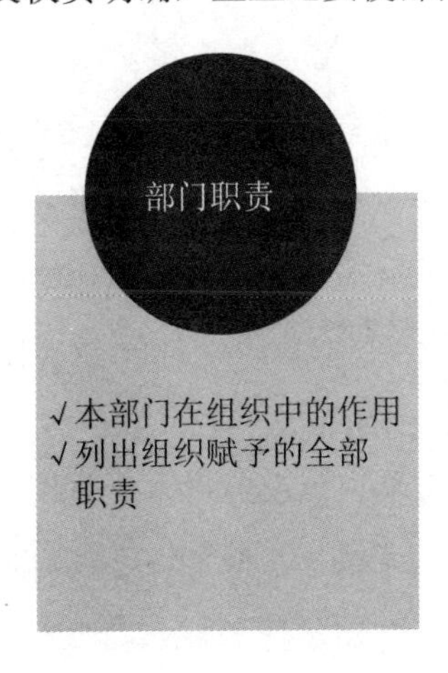

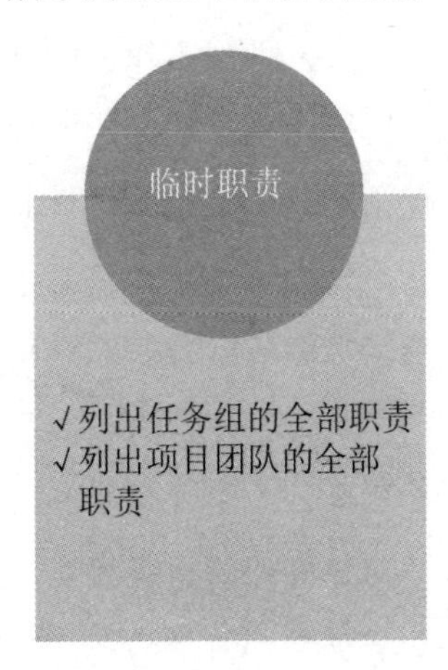

图 2-5　企业中职责的划分

由于市场环境及消费需求不断变化，企业还要对部门权责及岗位权责不断进行优化完善。此外，企业在发展过程中经常会针对某一突发事件或者完成某一项目而组建临时团队，这些临时团队的职责也要让相关部门及时了解。

由于用户需求及市场环境时刻都在发生变化，因此各部门及各工作岗位的职能及作业流程也需要进行优化调整。所以，企业要对部门及岗位职能进行具体化描述，打造科学合理的作业流程，定期对其进行更新，并提供书面的岗位职能说明书。通过构建科学的流程管理体系，去除繁复的流程，使流程得以简化，提升流程效率，去除不必要的审批程序，让跨部门沟通更加便捷、有效。

这能够有效解决各部门相互推诿的问题，提高企业运营效率。公司人事部门则要对部门职责、岗位职责进行明确划分，做出明确规定，让部门工作、岗位工作有章可循，避免重复工作造成资源浪费，同时也要避免工作无人负责，导致工作无法有效开展。

2.2.2 平台机制：畅通沟通渠道

企业跨部门沟通的障碍点在于部门的边界设置。企业设置不同职能部门的目的是更好地开展工作，而不是形成各自为政的小团体，造成沟通壁垒。在企业内部，各业务流程应畅通无阻。在整个业务流程中，各部门应相互协作、有效衔接，保证业务流程顺畅运行，不会出现任何阻滞。对于业务开展过程中出现的问题，各职能部门应及时沟通、协调，通过无边界沟通达成共识，找到统一的问题解决方案，保证工作流程顺利完成。

因此，为了提高沟通效率、扩大信息承载量、减少信息误差，企业管理者需要保证沟通渠道的畅达性。为此，企业需在充分把握企业总体发展规划及当前运营状态的基础上，搭建有效的沟通渠道，使其与自身发展需求相符，并采用适合自身的策略与方式。

比如，为了方便员工沟通，很多企业都建立了微信群，但最后微信群并没有发挥出应有的作用。为了解决这个问题，某企业对微信群进行了分类，分成管理群和全员群。前者的群成员主要是中高层管理人员，该群配合科室自查自纠，对反映出来的各种问题进行全面追踪，找出问题出现的关键环节；后者的群成员是公司全体员工。

为了更好地增强部门间的沟通与协作，该公司又实行了结果导向与闭环管理，借助月计划会议与总结汇报会议达到跨部门沟通的目的。首先，某部门汇报自己的工作计划；其次，其他部门提出需要该部门协作的事项，该部门将这些事项纳入自己的工作计划，形成月计划；最后，部门对月计划进行分解，形成周计划、日计划。在月末汇报总结时，计划开展情况非常明了，部门协作情况也十分清晰。在此之后，部门相互推脱责任的情况几乎再没有发生。

随着数字经济的发展，网络平台与应用软件已成为企业运作与管理的必备工具。在企业内部建设网络平台，实现管理制度的网络化，能有效提升信息传播速度与效率，切实实现部门间的无障碍沟通。与传统的企业线下沟通渠道相比，网络平台的形式灵活、效率更高，成员可以在平台上以文字、图片、音频、视频等多种形式分享和传递信息。具体来说，企业既可以设立官方性质的论坛、公众号等，传递与企业运营和部门沟通相关的各种信息；也可以组建不同用途的微信群等，加强成员之间的交流。

企业跨部门沟通平台的建设遵循从信息到情感再到价值观的原则，如图 2-6 所示。

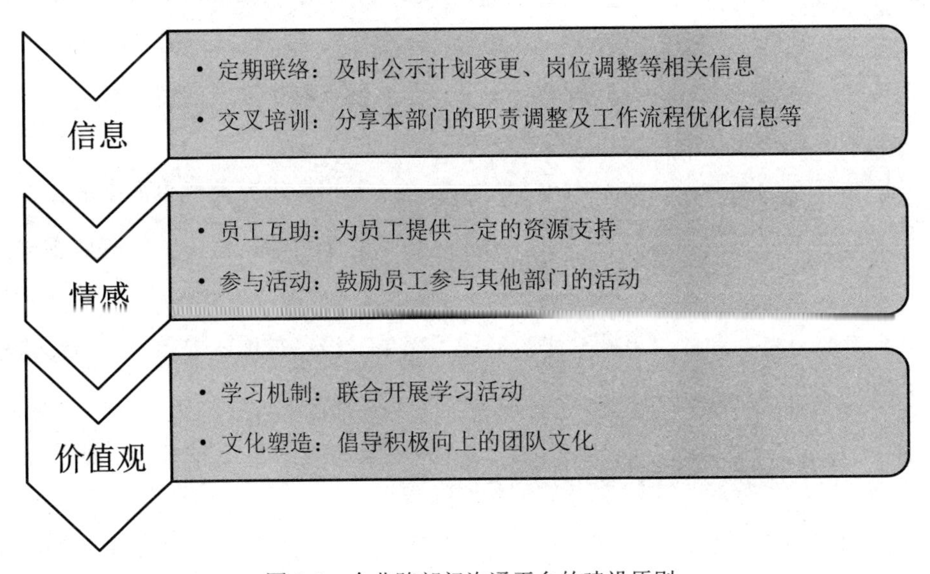

图 2-6　企业跨部门沟通平台的建设原则

- **信息层面：**要组织员工定期进行跨部门交流沟通，及时公示计划变更、岗位调整等相关信息；组织员工进行交叉培训，前往其他部门分享本部门的职责调整及工作流程优化信息等。
- **情感层面：**鼓励员工跨部门互助，并为员工提供一定的资源支持；鼓励员工参与其他部门的活动，比如庆功会、颁奖典礼等。
- **价值观层面：**建立团队之间互相学习的机制，部门负责人要多多组织其他部门一起开展学习活动，增强员工的跨部门学习意识；培养积极向上、团结合作的组织文化，提升组织内部凝聚力。

总之，企业在打造平台机制、建立畅通沟通渠道的过程中，需要着重注意以下要点：

a. 明确具体的需求后再选择合适的平台，由于不同的平台均具有自己的优势和特点，因此从需求出发选择平台更容易事半功倍，获得理想的沟通效果。

b. 整合与企业运营相关的各项数据，并将这部分信息通过平台进行共享，保证企业内部的所有部门和成员均能够根据需要随时获取数据。

c. 为了规范企业运营和管理，针对不同信息的特点应制定规范的共享流程，其具体内容应包括共享需求的提出、共享信息的审核、信息后续的更新和调整等。

d. 为了保障企业的利益，针对信息共享平台应该制定对应的管理机制，其具体内容应包括信息访问权限、信息加密机制等。

e. 为了更好地使用信息共享平台，使其在企业沟通中发挥应有的价值，企业应进行必要的员工培训和教育，引导员工认可信息平台的价值，并提高信息安全意识。

f. 及时分析并评估信息共享平台的使用效果，根据具体效果和员工的反馈决定后续的改进计划。

2.2.3　部门机制：强化部门协作

很多公司内部的跨部门沟通都存在很多问题，跨部门合作经常出现争功等情况，使得跨部门沟通效率低、效果差。那么，企业要如何提升跨部门沟通效率呢？

面对这种问题，公司必须构建系统、完善的跨部门沟通机制，明确各部门的职责分工，严禁无秩序管理，加强部门协作，减少相互扯皮、相互推诿等情况的发生，跨部门沟通机制的构建策略如图 2-7 所示。

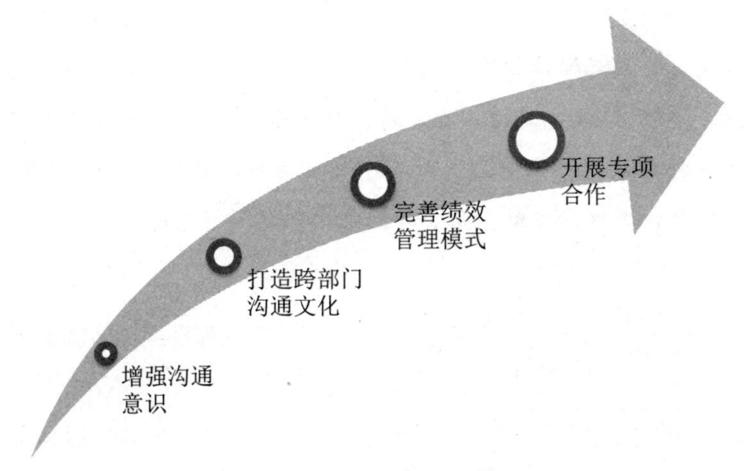

图 2-7　跨部门沟通机制的构建策略

（1）增强沟通意识

员工在参与跨部门协作项目时，如果缺乏沟通意识，遇到问题后，首先考虑的往往是自己解决问题，而不是进行跨部门协作。所以，企业管理者要培养员工的沟通意识，不但让员工在会议中积极发言，在其他场合也应该主动和其他部门进行沟通交流，及时掌握项目进度，通过多个部门之间的高效协作圆满完成组织目标。

（2）打造跨部门沟通文化

组织成员缺乏沟通积极性的一大主要因素，就是企业对沟通文化与沟通机制缺乏足够的重视。公司管理者应该为员工树立榜样，重视跨部门沟通，争取在企业内部建立良性沟通文化。在对员工进行培训的过程中，提高员工对跨部门沟通的认识。

同时，为员工的跨部门交流提供制度保障，通过建立高效完善的沟通平台，引导员工主动进行跨部门沟通，逐渐使跨部门沟通成为企业文化的一部分。

（3）完善绩效管理模式

企业的跨部门协作通常需要多个部门、多个岗位成员的共同努力。考虑到分工的差异，各部门员工贡献的价值也会存在一定的差异，而这一点应该在绩效管理中得到体现。针对企业各部门之间的沟通合作问题，应制定有效的应对策略，并通过绩效考核来督促员工真正落实。

举例来说，某汽车配件制造商年营业额高达数十亿元，员工团队规模达到了3000人以上，为了刺激员工的工作热情，公司采用高绩效激励机制。但管理层在搜集员工反馈意见的过程中，发现各部门间相互指责，在进行跨部门协作时，各部门不积极配合工作，比如：销售部指责生产部门不能及时交货，生产部门指责采购部门原材料供应不及时等。

而造成这种现象的主要原因在于，公司采用高绩效激励机制，各部门员工会在短时间内追求较高的业务量，导致其他部门无法给予有效配合，比如：当销售部门的业务订单过度集中时，很容易超过生产部门的产能。

为避免上述案例中的问题，企业管理者需要打造流程导向型绩效考核机制，将各部门定位为流程中的各个控制点，从企业整体发展的角度上，做好各部门之间的协调配合。让员工认识到，部门取得的良好业绩，不只是本部门员工努力的结果，而更需要各部门之间的协调配合，只有各部门相互支持，才能实现合作共赢。

（4）开展专项合作

在企业运营中，经常有一些工作涉及的部门较多、影响面较广，针对这种情况，公司可以开展专项合作，首先撰写详细、完善的合作方案，然后对部门分工进行细分，并在会议上进行讨论，形成一致意见。

比如，公司要召开一场大型的运动会，需要行政部门、企划部门、人力资源部门、采购部门等的相互协作。在这种情况下，公司必须编制运动会方案，组建组委会，明确组委会成员及各部门负责人的职责，比如行政部门要做好后勤工作，人力资源部门要编写方案及费用预算，企划部要做好摄影与宣传等，甚至裁判、记分员的人选及职责也都要体现在方案中。

该做法能让这场运动会的所有安排明确且透明。除此之外，公司的微信群也需要每天发布运动会筹备的进展，依据事先制定的运动会方案有序推进，跨部门协作效率在此过程中大幅提升。即便出现一些小问题，但经过协商往往也能轻而易举地解决。另外，公司还可以利用绩效福利来鼓励跨部门协作，比如将跨部门协作列入绩效加分项，如果某部门或员工被投诉就要扣分，以此来激发部门的协作热情。

完善的沟通机制，是取得预期沟通效果的重要保障。沟通机制不仅为企业组织成员之间的沟通提供了相应标准及规范，它还有助于在企业内部营造一种平等、和谐的工作氛围，充分激发组织活力与创造力，助力企业实现基业长青。

建立明确的沟通机制，能够提升不同部门间沟通的效率，促进各部门间的合作。在制定机制时，要列明沟通双方的职权范围，避免因不清楚自身权限出现逾矩行为，给对方带来困扰。并且，要列出适用于不同场合的沟通原则。此外，管理者需保证沟通机制的长期落实和贯彻。

总体而言，企业需建立相应的机制及文化，鼓励员工进行跨部门沟通，并在公司内部营造良好的沟通氛围。通过采取先进的技术手段，调动员工的参与度，引导不同部门为了实现公司发展的共同目标协同合作，集中所有优势力量推动整体发展。

2.2.4　反馈机制：提升沟通效能

在任何一种沟通过程中，反馈都扮演着至关重要的角色。它可以帮助我们了解对方的理解和接受程度，及时纠正误解并调整自己的表达方式。同时，反馈也能够促进彼此的学习和成长，为沟通双方提供改进的机会。反馈机制的三个关键如图 2-8 所示。

（1）倾听与理解

良好的沟通实质上是双向的交流过程。沟通时，我们不仅要注意自己的表达，也要重视倾听和理解对方的观点，因为只有对对方的观点和需求有准确充分的了解，才能为沟通打好基础。在倾听的过程中，应该表现出对对方的尊重以及对获得其观点的兴趣，这样才有利于建立信任，有助于沟通效能的提升。

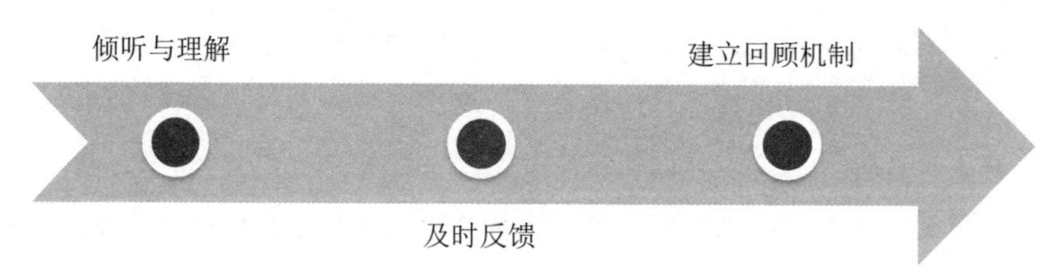

图 2-8　反馈机制的三个关键

（2）及时反馈

在沟通中，及时的反馈是非常重要的。及时的反馈可以帮助我们及时纠正错误，避免误解的发生。同时，及时的反馈也可以帮助我们更好地掌握沟通的进展和效果，及时调整沟通策略。然而，在给予反馈的时候，需要注意方式方法以及语气等，尽量避免伤害对方的感情。我们要以友善的态度给出具有建设性的反馈，以促进双方的共同进步。

（3）建立回顾机制

在长期的沟通过程中，建立回顾机制能够反思和总结沟通的经验和教训。回顾机制可以帮助我们发现沟通中存在的问题和障碍，并制订相应的改进计划。同时，回顾机制也可以帮助我们不断积累沟通的技巧和经验，提升自己的沟通能力。

总之，建立清晰的反馈机制是提升沟通效能的关键。通过倾听与理解、及时反馈和建立回顾机制，我们可以更加准确地了解对方的需求，并提出有效的反馈意见。同时，良好的反馈机制不仅有助于改进我们的沟通方式，还能够促进个人的成长和组织的发展。

2.3　HR 部门如何建立跨部门协调机制

2.3.1　HR 在跨部门协作中的作用

企业要想推动业务增长、获得竞争优势，就需要对跨部门协作给予充分的重视，而在跨部门协作上取得积极成果就离不开 HR 部门的战略规划。HR 在跨部门协作中的作用如图 2-9 所示。

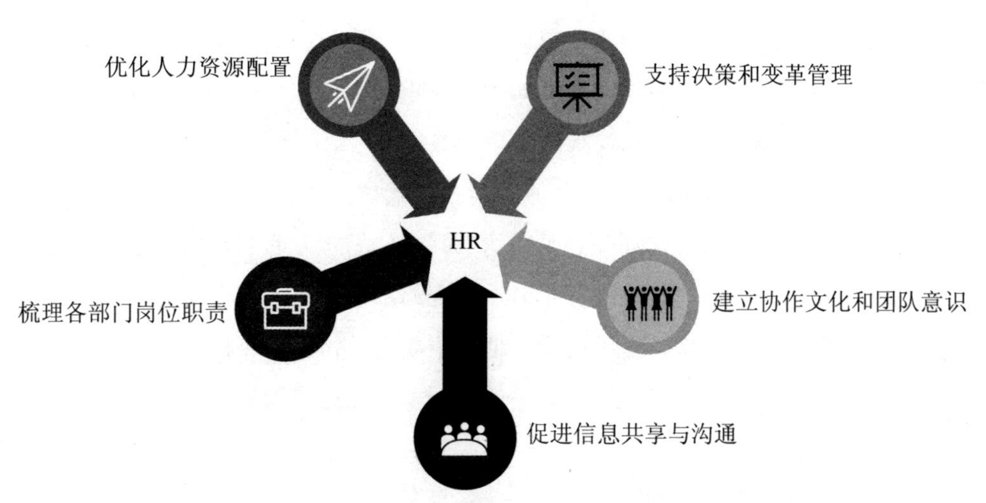

图 2-9　HR 在跨部门协作中的作用

（1）优化人力资源配置

对企业的人力资源进行合理配置是 HR 部门的本职工作，因此在推动跨部门协作的过程中，HR 部门的战略规划可以在人力资源配置的优化上起到关键作用。HR 部门能够从多个方面对员工进行评估，筛选出跨部门协作需要的合适人选，并让不同的员工能够各司其职。

比如，如果一名员工具有比较丰富的项目管理经验，那么他可以在跨部门项目中作为项目管理者。同样地，流程较复杂或有一定的技术难度的工作可以由具备相应专业技能的员工来完成；而协调部门之间关系、促进交流和合作的任务可交给沟通能力较强的员工。HR 部门进行战略规划，能够合理地利用资源，极大地推动跨部门合作的进展。

（2）梳理各部门岗位职责

部门管理者的个性特征、领导风格、管理方式、沟通方式都不尽相同，受这些因素的影响，跨部门沟通很难顺利开展，甚至有些部门负责人会在跨部门沟通的过程中深化矛盾。面对这种情况，HR 部门要做好协调工作，让跨部门沟通可以顺利开展。

大部分处在发展期的企业都会将目光放在企业业绩方面，不重视企业管理与企业文化建设，缺乏团队意识，造成各部门各自为政，跨部门沟通难以顺利开展。对此，企业各部门要明确自己的职责，妥善规划自己的工作，建立一套完整的工作流程，让每个员工都明确自己所处的位置与应承担的职责。只有做到这一点，部门之间的信息发送与接收才能有主体可查、有目标可寻，否则信息的发送与接收就无法衔接，从而影响跨部门沟通的效果。

站在企业运营的整体立场，为了提高企业运转效率，一方面必须进行专业分工，根据员工的能力将其划分到不同的部门中；另一方面必须明确各部门的权责，对部门间存在交叉的职能进行划分，规范跨部门协作流程，从而使员工能够更加高效地完成岗位工作。只有这样，遇到需要进行跨部门协作的项目时，员工才能按照相关规定，找到负责相应业务的部门，并在遵守跨部门协作流程的基础上进行高效合作。

（3）促进信息共享与沟通

推动信息共享和沟通，也是 HR 部门在跨部门协作中所能发挥的作用之一。在一家企业内，不同部门大多数时候都是各自独立运行的，因此信息的交流往往不是特别顺畅，这成为部门间协作的阻碍因素。

通过建立有效的沟通机制、确立明确的沟通流程，HR 部门的战略规划可以推动部门间信息的传递。比如，创建信息共享平台，各部门可以随时借助平台沟通交流，了解彼此的项目进展，针对出现的问题展开讨论并得出解决方案；再比如，开展培训计划，培养更多具备熟练沟通技巧的员工，为跨部门协作提供助力。

（4）建立协作文化和团队意识

HR 部门的战略规划还能通过构建协作文化和增强团队意识来推动跨部门协作。部门间协作的顺利进行需要一种团队观念作为支撑，即员工要有协作的意识，时刻把团队放在心上。

HR 部门在具体的实践过程中，可以加强宣传，开展培训，使员工体会到团结合作的重要意义；或者组织团队项目和集体活动，让员工感受到团队的力量与合作的价值，同时提高团队协作的能力。此外，针对协作项目可以建立绩效奖励机制，调动员工的协作积极性，增强协作效果。

（5）支持决策和变革管理

除以上提到的几方面外，提供支持决策和变革管理也是 HR 部门推动跨部门协作的方式之一。由于跨部门协作需要牵涉到很多方面，因此经常需要做出一些复杂的决策，发生一些组织上的变革。决策和变革管理与人力资源有着密切的关系，HR 部门的战略规划则可以在相关信息以及分析上为其提供支持。

举例来说，如果一个项目的参与方包括多个部门，那么 HR 部门能够分析各部门的人力资源状况并给出建议，帮助项目领导者做出更加合理、更有针对性的决策。另外，HR 部门还可以从人才发展和绩效管理入手推动组织变革。

2.3.2　HR 跨部门协调的基本原则

在进行跨部门沟通以前，HR 部门首先应该掌握跨部门协调的基本原则，如图 2-10 所示。然后，以组织培训活动等形式将其推广至企业的各个部门，这样在进行跨部门沟通交流时所遇到的阻力便会大幅度降低。

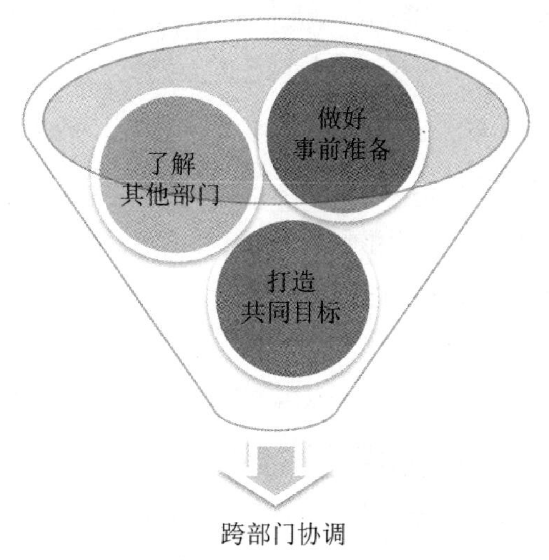

图 2-10　跨部门协调的基本原则

（1）做好事前准备

当企业内部需要进行跨部门沟通时，HR 部门不要毫无准备地直接前往相关部门，更不能带有明显的个人情绪，否则很容易引发其他部门的抵触，也很难达到预期目标。

具体来看，HR 部门在针对跨部门沟通进行协调前，必须明确以下几个问题的答案：

- 你希望其他部门帮你解决什么问题？
- 解决这些问题，能够为其他部门带来什么样的价值？
- 为了解决这些问题，其他部门会要求你在什么方面给予配合？
- 如果对方不接受这一方案，是否还存在其他的解决方案？
- 如果双方无法达成一致，你将采取何种措施，对方又将做出何种回应？

在明确这些问题答案的基础上，再去和其他部门进行沟通交流，明显要比直接前去协调的成功率大得多。

（2）了解其他部门

很多时候跨部门之间的协作沟通之所以很难取得预期效果，最为关键的问题就是部门之间缺乏足够的了解，甚至各部门沟通时使用各自的专业性“部门语言”。比如，财务部门的员工彼此进行交流沟通时会使用大量的专业术语，而且他们也十分明白本部门的工作重点、规章制度等，并在长期的工作过程中形成了一套具有明显的财务部门标签的思维模式。

因此，为了加强跨部门协作沟通，HR 部门需要了解各部门的语言及思维模式，能够站在他们的视角了解问题，并对各部门语言及思维模式的利弊有较为清晰的认识。此外，HR 部门还要组织形式多样的跨部门集体活动，让不同部门的人员能够了解其他部门的语言及思维模式。

（3）打造共同目标

企业内部的跨部门沟通问题，当然不仅存在于 HR 部门与其他部门之间，企业中的各个部门在进行协作沟通时也会出现各种问题。要想让各部门能够基于企业长期发展的目标，进行积极高效的交流沟通，并达成一致的结果，HR 部门就需要向各部门强调彼此之间的合作关系，淡化矛盾冲突。

合作关系往往是建立在共同的目标基础之上。为此，HR 在设定目标时要尽可能地融入多个部门，让他们为了一个共同的目标而奋斗，这样即便是部门之间存在矛盾冲突，由于有着共同的目标，他们也愿意花费一定的时间与精力去沟通并解决问题。

在设定共同目标之前，HR 部门需要解决的主要问题如表 2-2 所示。

表 2-2　设定共同目标前 HR 部门需要解决的主要问题

主要问题	具体分析
能够形成怎样的共同目标？	从短期来看，这一目标可以参考各部门需要完成的共同任务，比如企业多个部门共同服务的某个客户，企业多个部门共同参与的一个项目等；从长期来看，这个共同目标就应该是企业的长期利益
需要破除哪些合作障碍？	合作阻碍有可能源自传统习惯方面，也有可能是因为部门之间的沟通交流过少甚至没有进行沟通，无论是怎样的合作阻碍，HR 都要想尽办法予以解决，至少让各部门明白自己与其他部门的合作阻碍的来源
创造共同目标需要什么资源？	让多个部门拥有共同的目标，需要企业提供一定的资源支撑。这种资源可以是企业高层提供的某种权力，也可以是执行某一项目时的启动资金，HR 需要主动帮助它们获得这些资源支持，争取能得到企业高层的信任与支持

当然，HR 跨部门协作的基本原则不仅局限于上述几种，由于企业自身的发展情况存在差异，其解决跨部门沟通的手段也会有所不同，不过所有的企业管理者都应该意识到跨部门沟通的重要性，并尽可能地给予 HR 部门足够的支持，只有这样，才能让整个企业在 HR 部门的努力下，更加高效、低成本地进行协作沟通，从而提升整体运营效率及价值创造能力。

2.3.3　HR 开展跨部门协调会的流程

HR 在日常工作中难免会遇到与其他部门产生工作冲突的时候。当遇到这种情况时，建议 HR 不要与对方仅进行私下沟通，比较好的方法是，HR 本着实事求是的原则，就事论事地组织开展跨部门协调会。

工作中各部门之间产生冲突是难以避免的，对于 HR 部门来说也不例外。冲突发生后，HR 部门应该将冲突放到一个公开的环境下解决，开展跨部门协调会，而不是仅与对方单独协商。为了提升跨部门协调会的效果，HR 部门可以灵活采用引导技术，举行会议时把目光放在最迫切需得到解决的问题上，使得参会人员齐心协力、集思广益，直至得出解决方案。具体可以参考以下流程，如图 2-11 所示。

① 明确会议主题

在立场和观念等因素的影响下，不同的部门会用各自的方式看待和理解同一问题，产生不同的观点和见解。所以，HR 部门首先需要清楚会议是为何而开，抓住大家最关心、给大家带来最多困扰的问题，围绕明确的主题展开会议。成功

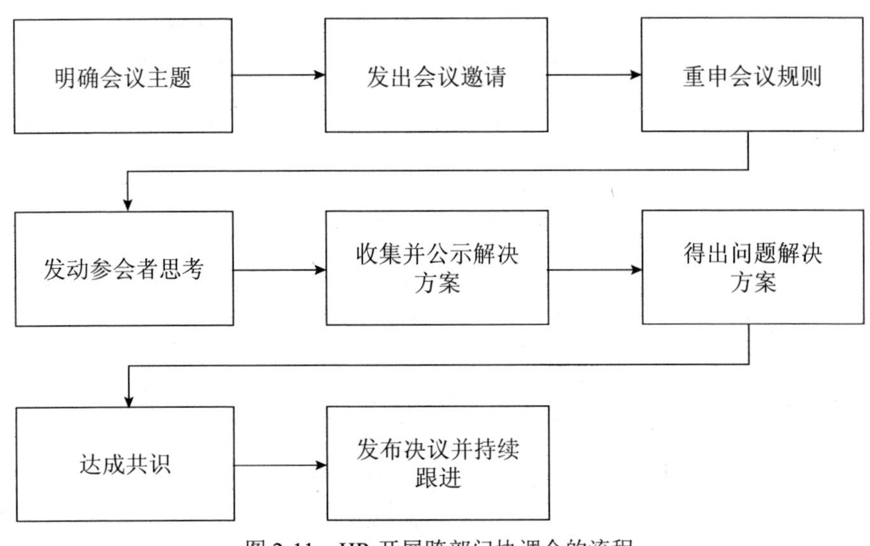

图 2-11　HR 开展跨部门协调会的流程

的跨部门协调会着眼于彻底解决最受关注的核心问题，而且由于目标集中、重点突出，会议的效率往往很高。

② 发出会议邀请

发送会议邀请时，HR 部门要注意保留记录，可通过邮件等较为正式的书面化的形式通知人员参会，同时抄送到直属领导处。此外，参会者也十分重要，他们须是各自部门中掌握决定权的人员，以此一方面体现各部门对会议的重视程度，另一方面保证会议形成的决议能够得到切实有效的执行。

③ 重申会议规则

作为会议的主持者，HR 部门在会议开始前须再次强调会议应遵守的基本规则，并确保会议围绕主题展开。

④ 发动参会者思考

HR 部门要发挥主持人的带动作用，引导参会者围绕会议主题进行思考，并在一定时间内给出解决方案。可以在会议现场为参会者提供纸笔，请他们在规定的时间内把自己的想法和解决方案写下来。

⑤ 收集并公示解决方案

参会者写下解决方案后汇总到 HR 处，由 HR 部门对解决方案进行公示。

⑥ 得出问题解决方案

HR 部门应引导参会者对公示结果进行归纳整理，将思路大体一致的解决方案归到一处，不同的解决方案之间互相参照补充，确定最终解决方案。

⑦ 达成共识

参会者投票通过最终的解决方案，解决方案应是综合每一位参会者的意见而形成的，此过程有每个人的参与，可以代表成员的共识。

⑧ 发布决议并持续跟进

会议过后将已确定的解决方案发布出来，并附上实施方案的流程和时间表，HR 部门需要根据时间表实施后续跟进，推动方案落地。

2.3.4 营造融洽的跨部门协作氛围

有时企业的员工会抱怨公司内部人情疏远淡薄，尤其是不同的部门之间没有太多交流和来往，与他人的接触仅限于工作和业务所及的范围。对于大部分员工而言，从工作中获得精神和情感层面的愉悦和满足也是极为重要的。公司内部如果没有建立起和谐亲近的人际关系，缺乏一种温暖融洽、积极向上的氛围，那么就难以激发员工对团队的认同感和归属感，从而影响工作质量和效率。

当上述问题出现时，HR 部门需要努力改变公司氛围，加强员工之间的交流，促进部门间的合作，让员工的工作态度更加积极、工作热情更加高涨，从而推动企业的整体发展。要营造融洽的跨部门协作氛围，HR 部门可以从以下几个方面入手。

① 重视员工入职环节

每当新员工入职和参与培训时，HR 部门应安排多种活动，加深新老员工之间的了解。

② 定期组织公司活动

公司活动需要有尽可能多的成员参与，这样的活动一般氛围都比较轻松，更有利于员工之间敞开心扉。具体活动比如生日会、座谈会、年会、团建活动等。

③ 成立兴趣小组

兴趣小组的涵盖范围要广，尽可能让每名员工都能根据自己的兴趣找到适合自己的小组，在工作之余体会到更多乐趣。同时，员工在小组中可以找到志趣相投的伙伴，有共同的兴趣作为基础，员工之间的感情将更快地增进。

④ 利用培训机会

各种培训活动实际上也是交流员工的好机会。员工在培训开始前彼此做自我介绍，在不同的小组中完成培训任务，为了共同的目标展开交流合作，这些都是加深成员之间了解的有效手段。

⑤ 设立公共休闲区

HR 部门可以在公司内安排公共休闲区，员工可以在这里喝杯咖啡，一起聊天，或进行一些休闲运动，这样既能缓解员工长时间工作后的疲劳，也能为员工提供一个社交场所。

第3章

跨部门沟通的关键策略

3.1 组织层面：构建无障碍沟通的基石

3.1.1 组织变革：构建扁平化组织

扁平化管理是现代企业采用的一种新型管理模式，在当前的管理领域中拥有极高的关注度。扁平化管理的宗旨是消除不同层级间存在的差异，让组织文化呈现出开放、透明的新面貌，强调沟通的重要性，并将推进沟通作为提高工作效率的重要手段。我们将以沟通作为着眼点，研究扁平化管理在哪些方面对沟通产生了积极作用，并讨论怎样使沟通变得更加有效。

传统的组织结构层级分明，信息往往停留在某一层级当中难以流动。而在扁平化管理模式之下，层级间的壁垒不复存在，信息的流通性大幅提升，这样一来沟通的机会明显增多，沟通的渠道也更加丰富。在实行扁平化管理的企业中，普通员工与管理层之间的距离被大大拉近，员工有问题或意见可直接反馈给管理层。而在传统组织结构中，员工和管理层之间的沟通可能要经过一个或数个中间人才能实现。相比之下，扁平化管理使沟通渠道变得更加顺畅，提高了沟通的效率。

此外，扁平化管理所提倡的组织文化是开放和透明的，这样的组织文化希望看到员工更多地分享信息、表达自己独到的观点、提供有用的知识和经验。信息共享能够将员工们的力量集聚起来，使团队的作用得到凸显，推动问题的解决。

（1）扁平化组织结构的特点

在传统的金字塔管理模式下，各个部门相对独立，也相对封闭，企业员工之间的互动、交流受限。在这种情况下，各部门的运行情况得不到沟通与交流，一个部门通常不了解其他部门的运行情况，就会容易造成决策失误。具体来说，传统的组织结构存在三大问题：

- 只有纵向沟通，缺少横向沟通。
- 只有业务部门，没有业务流程。

● 只有组织机构，没有组织任务。

扁平化组织结构的出现，使得这三大问题都得到了有效解决，其主要具有以下特点，如图 3-1 所示。

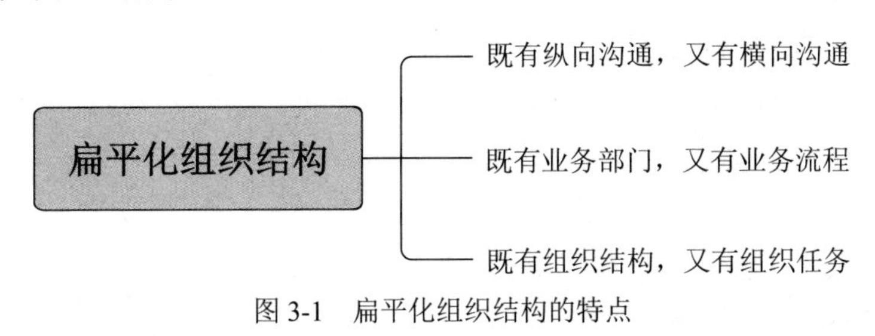

图 3-1　扁平化组织结构的特点

① 既有纵向沟通，又有横向沟通

借助扁平化组织结构，企业内部既能实现纵向沟通，又能实现横向沟通：

- 在纵向关系方面，各部门内部是具有层级的。比如，销售部的最高领导是总经理，其下是销售副总，再往下是销售部员工，扁平化组织结构下的纵向沟通仍可顺畅实现。
- 在横向关系方面，不同部门之间相互连通。比如，供应部为生产部供应产品生产所需的原材料及生产资料；生产部将生产出来的产品交给销售部进行销售。扁平化组织结构更利于横向沟通的高效开展。

② 既有业务部门，又有业务流程

在扁平化组织结构中，不仅各个业务部门（销售部、供应部、生产部、财务部等）清晰明了，各部门之间的业务流程也清晰可见，比如企业物流的流动方向是供应市场——生产部——销售市场；企业资金的流动方向是销售市场——财务部——供应市场。

③ 既有组织结构，又有组织任务

基本任务流程指的是基本任务完成必须经过的环节，只有切实疏通基本业务流程，才能为组织任务的完成提供有效保障。在扁平化组织结构中，组织机构与基本任务流程之间存在直接或间接的联系。企业组织要为疏通基本任务流程服务，只有疏通了基本任务流程，才能帮助企业完成基本任务。

所以，在扁平化组织结构中，各部门关系及工作流程清晰明了，这能有效帮助企业解决因部门间互不了解而产生的跨部门沟通问题；横向关系与纵向关系的贯通，也进一步疏通了企业内部跨部门沟通的渠道，有效地帮企业解决了跨部门沟通难题。

（2）扁平化管理的跨部门沟通策略

企业运行的大小事项都需要沟通和交流，传递和共享信息是企业内部不可或缺的重要环节。采用扁平化管理模式的企业可以更便捷地进行信息传递，传递效率明显提升。具体来说，扁平化管理的跨部门沟通策略如图 3-2 所示。

图 3-2　扁平化管理的跨部门沟通策略

① 明确信息流向

扁平化组织中没有严格的层级壁垒，信息的流动有着极高的自由度，这要求我们在传递信息前进行一番审视：信息传递出去之后有可能流向何处？怎样将信息准确地传递到接收对象处？搞清楚这些问题，不仅可以提高信息传递的效率，而且能够确保信息不被泄露和篡改。

② 建设合适的信息系统

企业运行过程中所涉及的信息非常庞杂，因此可以创建一个简单易操作的信息系统，发挥传递和共享信息的功能，并根据不同的部门和业务对信息进行分类处理，建立便捷的信息搜索机制。通过信息系统，员工可以更方便地查找、使用和传递信息。

③ 建立透明的信息共享机制

扁平化组织鼓励信息的开放共享，相应地需要建立透明的信息共享机制。企业内部的社交平台可作为这种机制的实现渠道，社交平台的氛围相对比较自由，每一位员工都能在此发表自己的见解。通过社交平台，管理者也可以了解员工关心的问题，或者听取反馈和意见。此外，内部社交平台的优点还在于它的信息保密性比较好。

3.1.2　横向沟通：消除信息不对称

要消除公司内部的跨部门沟通障碍，必须建立横向沟通机制，保证信息能顺畅地在部门间流通，保证各项指令与计划能及时上传下达。比如，为了制订合理的生产计划，销售部与计划部必须充分沟通，因为计划部的数据来源是上级规划，销售部的数据来源是市场需求，只有将这两种数据结合在一起，才能制订出科学的产品生产计划，否则生产部就无法顺利地安排产品生产。

另外，如果企业的沟通渠道比较单一，员工间的信息传递就会受到极大的限制，进而导致部门信息不对称，长此以往，企业、管理者和普通员工之间的价值观与奋斗目标就会产生较大的差异，企业总目标的实现也会受到不良影响。公司内部缺乏信息反馈机制是沟通机制不健全的显著表现，比如上级布置了任务之后迟迟收不到反馈，以至于无法了解任务的实际进展。为了培养员工及时反馈的习惯，管理者也各出奇招，其中最重要的就是明确反馈方式，比如提交报告、发电子邮件、电话沟通等。

通常来看，公司中的每个岗位、每位员工只能有一个直属上级；上级可以越级检查和巡视，但不能越级指挥，即员工只服从直接上级的命令；下级可以向上级提出合理的想法和建议，但无权裁定上级命令或行为的对错，这是上一层的上级要做的工作；下级可以跳过直属上司进行越级沟通与申诉，但不能越级报告。

与采用行政命令强迫成员进行工作的方式相比，纵向沟通是一种柔性化的管理方式，主要是通过深度有效的沟通、引导和协调等方式，让下级员工了解并认可工作任务与目标，从而积极主动地执行任务并配合团队工作，推动公司目标的顺利实现。同一件事情采用不同的方法，常常会得到不同的结果。从纵向沟通角度来看，不论是采用防卫性或支持性的沟通策略，还是感性或理性的沟通方式，上级都应该以平和的心态去与下属员工坦诚交流，实现有效沟通，与员工一起面对和解决问题。

横向沟通也称平级沟通、水平沟通，指公司内部具有相对平等职权地位的部门或成员之间的交流沟通，是企业不同部门连接交互的“枢纽”。与纵向沟通相比，横向沟通更能体现团队合作水平；不过，横向沟通的各方是平级关系，不具备强制性权力，因此常常比纵向沟通更加困难。对此，相关成员可以从以下三个方面推动企业内部的横向沟通，如图 3-3 所示。

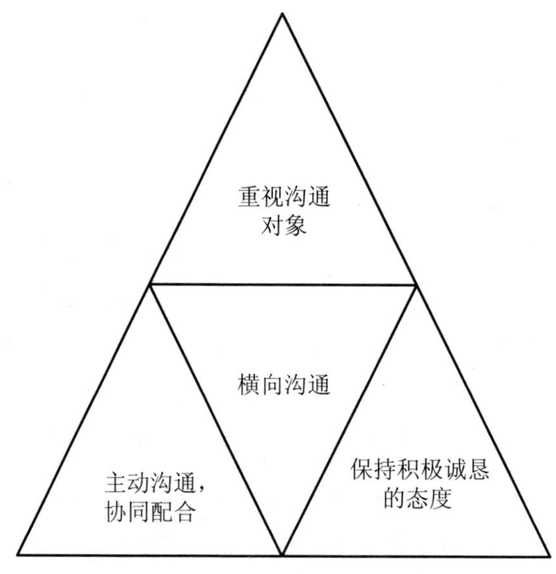

图 3-3　推动企业内部横向沟通的三大关键

（1）重视沟通对象

在与当事人沟通前，应全面了解需要沟通的事项以及对方的工作状态、想法、建议等各种与沟通有关的因素。同时，要养成直接与当事人沟通而非向无关人员抱怨的习惯，这也是企业内部横向沟通最常遇见的问题，比如需要与产品部门进行沟通时，沟通人员却向采购部、销售部等其他部门抱怨，而不跟沟通对象交流。

（2）主动沟通，协同配合

横向沟通中，侵略性或回避性的沟通策略都是不可取的。如果采取侵略性的沟通方式，就很容易让沟通对象产生反感、排斥的情绪，使沟通难以顺利进行下去。

横向沟通中另一种常见的情况是沟通双方采取回避性或“踢皮球”的敷衍方式，缺乏主动沟通与协同配合意识，即“你不主动我也不吭声”，一方需要另一方配合时，后者装糊涂或将“皮球”踢给其他部门，最终导致事情被耽误，公司利益受损。

（3）保持积极诚恳的态度

让沟通对象感受到自己的合作诚意，从而愿意主动沟通配合。本质来看，沟通无时无处不在，是一个“传递者→交流过滤→接受者→目标印证”的循环过程。不论是纵向沟通还是横向沟通，都应坚持“主动、真诚、坦率、尊重”的原则，让对方感受到自己的诚意，从而愿意支持并配合工作。因此，企业内部沟通有助于部门之间、员工之间以及上下级之间的信息流通与协同合作，能够提升成员的团队认同感、归属感和工作效能。

3.1.3　部门轮岗：换位思考增进理解

为了促进不同部门间的交流，企业可采取岗位轮换的方式。在具体的实践过程中，企业可根据具体的情况决定岗位轮换的对象，可以是管理层，比如将核心业务部门的管理层调到企业的行政、人力资源等部门，增加管理者对各个部门的了解，减少跨部门沟通的阻力；也可以是普通员工，岗位轮换是增进部门理解，促进部门员工相互沟通、交流最有效的方法。

组织要想永葆活力，不仅要做好外部流动，也要做好内部流动，而组织内部流动最好的方法就是岗位轮换。通过岗位轮换，部门间的本位主义与小团队主义能得以消除，部门与部门间的员工可实现顺畅沟通与交流。另外，通过岗位轮换，员工能对企业业务有更加全面的认识与了解，可以体验不同部门的工作，了解各部门的工作性质与工作流程，明确本部门工作或自己所在岗位在公司中的位置，了解自己工作与其他部门工作间的联系，从而对本职工作的意义有更全面的了解。

在企业的跨部门协作中，要想得到其他部门员工的配合与支持，就必须学会换位思考，能够用其他部门的视角及思维逻辑来沟通交流。在跨部门、跨文化沟通中，双方的包容理解和换位思考对成功沟通有着重要影响。每一个部门都存在自己的核心任务，在遇到问题时，各部门难免会倾向于从自身的角度来思考解决方案。如果一个部门经理能够进行换位思考，就可以突破本部门的边界壁垒和利益束缚，积极了解其他部门的业务运作情况和利益诉求，站在其他部门的角度考虑问题并理解对方的难处。特别是当其他部门没有配合本部门的工作时，要多从对方的角度反思自身哪里做得不好并积极寻求改变。只有这样，不同部门间才能建立起彼此信任、高效沟通与协作的良好关系。

换位思考能增强理解能力，改善人与人、人与部门、部门与部门之间的关系，拉近这三大主体之间的距离，减少冲突与争议，提升整体工作效率。个体作为公司的一员，无论从属于哪个部门，都要学会换位思考，对其他的部门多一些了解与理解，以实现部门间的有效沟通，推动公司更好地发展。从企业角度来看，可以通过一些合理的制度设置促成组织内部的跨部门沟通，并培育成员跨部门沟通的意识和习惯。其中，最常用也是最有效的一种方式就是上文提到的在企业内部实行轮岗制度或让不同部门成员相互兼职。

3.1.4 文化塑造：营造包容的沟通氛围

受沟通渠道不畅、沟通技巧缺失等因素的影响，组织经常遇到一些沟通障碍，其中最明显的障碍就是组织沟通氛围较差。为此，企业要主动营造一个良好的沟通平台，包容各种意见，维护他人表达自己意见的权利。

良好的沟通氛围，能够使企业运作效率大幅提升。但是，在组织内部营造一个良好的沟通氛围并非易事，要想做到这一点就必须克服狭隘的部门意识和本位主义，通过组织各种活动将服务、协作、奉献精神发扬光大，让部门员工对跨部门无效沟通的危害有更充分的认识。通过塑造良好的沟通氛围增强组织的凝聚力，使各部门实现高效合作。

企业文化建设能够对其内部沟通产生直接影响。为了营造包容的沟通氛围，企业应该在企业文化建设中着重强调沟通文化，因此，管理者要以身作则，积极实践企业的沟通文化。比如，管理者如果希望员工在公司会议上可以畅所欲言，平时就应该主动与员工拉近距离。曾担任英特尔公司 CEO 的安迪·格鲁夫（Andy Grove）就作出了很好的示范，在他任职期间，他经常会端着餐盘走入餐厅，与员工一起吃饭闲聊。

很多知名企业会通过完善企业文化来推动沟通氛围的营造，具体方法包括：在企业文化中融入积极向上的价值理念来调动员工的积极性，同时注重发挥管理者的示范效应，为其他员工做出榜样，从而在公司内部建立良好的文化氛围；利用网络平台，或者组织活动（比如公司聚餐、娱乐活动等）促进员工之间的交流，提高公司管理的开放性，并将其植入企业文化中。

很多企业难以实现跨部门沟通合作的一个重要原因就是缺乏鼓励沟通的文化基因，没有在组织内部塑造出一个良好的沟通氛围。比如，很多员工之所以不愿意主动进行跨部门沟通，很可能是因为企业缺乏相应的环境氛围和平台渠道，他们曾经因为主动沟通行为而受到过打击。

因此，企业管理者应塑造一种开放、包容的文化氛围，鼓励员工发出自己的声音，为员工交流提供良好的渠道，包容各种不同的意见，不随意批评员工的创意和想法。比如，很多企业经常使用的“头脑风暴法”，就是让每个成员都针对具体问题提出自己的想法，然后集思广益总结出最佳方案；再比如，邀请合作部门的主管参加本部门的业务会议，一方面可以使合作部门对本部门的目标以及需要配合的工作有着更清晰明确的认知，另一方面也可以听取对方的想法和建议，为后续沟通协作奠定良好的基础，同时，这也有利于推动对方部门主管采取同样的方法，进而增强部门间的持续沟通交互。

企业内部的统一价值理念是构成企业文化的关键组成部分。每个成员的思维模式和行为方式，都会受到企业文化的影响，统一的价值理念能够使员工拥有同样的价值取向。若企业在内部确立了统一而明确的价值观，并将其纳入企业文化当中，就能对员工形成引导作用，使员工能够突破部门限制，主动与其他部门沟通，为了实现企业的共同目标而努力。

3.1.5　Facebook 的跨部门沟通文化

2004 年 2 月，Facebook 成立。短短三年，Facebook 就成长为全球第一大图片共享网站。2022 年，其活跃用户数量已经达到 10 亿人。之所以能够获得快速的发展，与其企业文化密不可分。Facebook 强调团队合作和分享精神，在跨部门沟通文化建设方面也积累了独特的经验。

（1）建立新人轮调制度

在 Facebook 内部，所有的新员工入职时都需要参与为期 6 周的培训课程，该课程将会在多个部门进行。

这种做法可以让新员工对整个 Facebook 的运作情况有较为全面的认识，而且能够帮助新员工和其他刚入职的人员建立友谊，虽然日后他们会被分配到不同部门的不同岗位，但这种友谊能够让他们保持沟通交流，分享创意及行业信息，避免出现各部门各自为战的局面。更为关键的是，这种培训可以让新员工学习到老员工处理问题的思维模式，让他们更加快速高效地适应工作，并在发现问题时尝试自己解决，而不是去抱怨、指责其他部门。

培训课程结束后，这些新员工可以选择能够让自己的能力得到充分发挥的部门，而不是管理层简单地根据面试时了解的片面信息为员工安排工作，这样不但能够让员工实现自我价值，更能够为企业创造更高的效益。

（2）推行“骇客月”“骇客松”活动

Facebook 公司规定：如果一名员工从事某一专案工作的时间达到 12 ～ 18 月，就会安排该员工负责其他专案工作，公司内部将其称之为“骇客月”（Hackmonth）。通常情况下，“骇客月”结束后，50% 的员工会选择去新的团队，这会使整个 Facebook 的各部门岗位发生重大调整，来自不同部门的员工将通过协同合作，共同为企业创造价值。

每隔 6 周，Facebook 将会举办“骇客松”（Hackthon）活动，然后将数百位不同部门的员工进行分组，小组成员会一起开发新产品、处理问题等，这也能有效打破各部门员工之间的沟通壁垒。

（3）打破办公室空间区隔

Facebook 位于美国加州的总部办公大楼内，几乎所有楼层的隔间都被拆除，会议室所使用的隔板是透明玻璃材质，创始人马克 • 扎克伯格也是在一个开放空间中工作，所有的员工都能看到他的工作状况。这种方式有效提升了 Facebook 员工交流沟通的积极性，有利于员工之间建立深厚的友谊。

借助于沟通制度及办公空间的设定，Facebook 有效避免了过度分工所引发的一系列负面问题，各部门的员工在专注于本部门工作的同时，又能积极进行交流合作，从而有利于实现企业价值最大化。

3.2 部门层面：跨部门沟通落地的关键

3.2.1 明确共同的利益目标

建立共同的利益目标对跨部门沟通有十分积极的作用。由于共同目标的存在，所有部门的成员均为了统一的目标而努力，各个部门的观点、利益及价值观都可以被认可和尊重，跨部门沟通也能够在友好的氛围中进行。

企业的各个部门虽然在整体利益方面具有一致性，但各部门也有着自己的部门利益。如果部门间有利益冲突，那么跨部门沟通就会十分困难。因此，企业需要从组织战略的高度协调各部门利益，推进跨部门沟通合作。

比如，银行中的销售、产品和风控三大部门就存在天然的职责冲突：销售部要完成业绩指标，就必须增加产品销量；风控部门为了规避和降低信贷风险，常常会严格控制产品规模；产品部门关注的重点则是整合上下游部门资源不断优化完善产品模型，提升产品的吸引力和竞争力。

不同部门间的立场和利益冲突，导致跨部门沟通合作存在着天然障碍，因此需要从组织战略的高度协调各方关系。针对银行中销售部、产品部与风控部的跨部门合作困境，可以通过构建“铁三角工作模式”协调他们的利益冲突，推动业务经理、产品经理和风控部门经理保持密切沟通，确保信息传递处于同一个频道，实现相互理解、协同作业。

此外，还可以通过调整 KPI（关键绩效指标）改变三个部门的对立关系，建立共同的利益诉求点，通过利益捆绑实现跨部门沟通合作。比如，让最贴近客户的销售经理成为第一道风控防线，将卖出产品的坏账率与销售部的 KPI 挂钩；将处于后台的产品团队前置到更靠近市场的位置，让他们可以及时了解客户需求，更有针对性地设计和优化产品，并承担一定的信贷风控责任；对风控部门，同样可以要求他们承担一定（如 20%）的产品销售指标。

只有各方的利益之间存在交集，才有可能实现共赢。为了实现部门间沟通顺畅，应该在正式沟通之前，认清自己的需求，同时对合作方的情况进行分析，寻找合作双方的利益交集。在沟通过程中，通过强调双方的共同利益，确立相同的努力方向，这有助于促进合作关系的达成。

（1）协调和平衡各方利益

企业的各个部门各有分工，根据自身的职责产生相应的需求，设立对应的目标。在举行部门会议时，部门主管可以引导成员围绕部门的目标发表见解，并分享各自工作的进展，共同研究遇到的问题。在这个过程中，信息共享能够为协调平衡各方利益产生积极的影响。

在开展跨部门沟通和合作时，部门主管要保证信息透明。审视合作的利弊以及可能产生的风险，分析合作的结果，并将这些信息如实呈现给其他部门，使其做到心中有数，这样一来合作将更加顺利。在合作过程中，如果双方发现在利益上存在分歧和冲突，那么为了消除冲突部门主管要重新制定符合各方利益的合作方案。此外，要在整体合作策略的基础上给出具体意见和建议，并保证其具备现实性和可行性。

（2）制订共同的行动计划

部门主管应从以下几个方面出发，制订共同的行动计划，如图 3-4 所示。

图 3-4　制订共同行动计划的三个关键点

① 确定目标

目标要明确具体。通过各部门的商议，部门主管将合作目标确定下来，这样其他部门成员可以明确自己的工作职责。

② 制订计划

在部门主管的指导下，其他部门成员认识到自己在合作中所扮演的角色以及所承担的责任。部门主管共同讨论，制订出合作计划。应根据现有的时间和资源条件完成计划的制订，并尽可能保证计划的可行性。计划的内容应当详尽，合作目标、行动流程、时间安排、资源的利用和调配、风险的评估和控制等都要在计划中有所体现。如果计划与现实发生冲突，那么应对计划作出相应的调整。

③ 确定进度和时间表

有了明确的进度和时间表，部门成员的工作将更有方向性，清楚在什么期限内应该完成什么样的工作，提高工作效率。部门主管应当征求部门成员的意见，与成员共同完成时间表的制定，考虑成员实际情况以确定合理的进度和时间表。

3.2.2 做好事前沟通的准备

现阶段，很多公司在跨部门沟通方面都存在严重的问题，首先分享一个案例：

A 由于表现出色接任了某自行车公司的营销部经理一职，在上任之初就接到了总经理下达的任务——尽快提升品牌的知名度，并收到了相应的业绩目标。为此，A 不辞辛劳、日夜奋战，带领营销部员工进行市场调查，对竞争对手进行分析，开展了一系列工作。最后，A 带领营销部全体员工得出了最终方案：在现有产品之外，为客户量身打造产品，以吸引客户购置新车。之后，在跨部门会议上，A 将这个方案公之于众，却遭到了其他部门的反对，生产部主管直接建议 A 将营销部的工作重心放在销售产品方面，不要在产品开发方面做文章。面对这样的结果，A 的自信心深受打击。

此后，为了部门间的和谐和工作的顺利开展，A 做出了很多让步。但即便如此，A 还是发现在跨部门执行已经被会议认可的工作时，不仅得不到支持，还经常遇到很多阻碍，比如其他部门同事以没有时间为理由进行推脱，或者以工作不符合预期为理由延缓工作的进展等。

面对这些问题，A 异常困惑，跨部门沟通到底该如何进行呢?

在现实的工作中，我们也经常遇到 A 的问题：原来亟须解决的问题，放到其他部门就成为可有可无的小事儿；原本应该共同解决的问题，到了跨部门会议上却迟迟得不到统一的解决方案；原来决定好了的事情，在正式执行的过程中又会遇到百般阻挠……这些问题出现的根源就是跨部门沟通不畅，那么，该问题应如何解决？无障碍跨部门沟通该如何实现呢？

在跨部门沟通之前，要做好准备工作，明确想要解决的基本问题，想要得到的最终结果，不要打无准备之仗。比如，在跨部门沟通之前，你要明确希望对方帮你做什么，对方会提出什么要求？如果对方拒绝，有没有其他的解决方案？如果对方同意，你能得到什么，会失去什么？对方能得到什么，会失去什么？

本质上，跨部门沟通就是一场谈判，做好准备，设好底线，才能保证谈判的成功。在很多情况下，跨部门沟通障碍都是由“语言不通”引起的。各部门都有自己的部门规则、部门目标，会在此基础上形成自己的语言，财务部有财务的语言，营销部有营销部的语言……面对这种情况，要想进行无障碍跨部门沟通，首先要更了解其他部门的语言。在跨部门沟通之前，可以将自己设想成对方部门的员工，对这件事情所能带来的部门效益进行思考。做到这一点，就能了解对方的想法与顾虑，减少跨部门沟通过程中的摩擦与误会，提升跨部门沟通效果。

随着经济和社会的发展，现代组织的边界逐渐模糊，职能部门制度逐渐衰落，企业组织对跨部门合作的依赖度越来越高。但是，在实际跨部门合作中经常出现一些问题，比如部门经理之间矛盾频发，业绩好、能力强的部门经常遭受排挤，部门交叉地带成为真空地带等。要解决这些问题就要做好跨部门沟通。有效的跨部门沟通能营造一个良好的工作氛围，辅助企业构建一个优秀的、极具创新能力的团队，大幅提升工作效率。

3.2.3 建立信任的合作关系

在竞争愈发激烈的商业环境中，越来越多的企业出于优化业务流程的需要开始推动跨部门合作。沟通是合作的前提，而信任是沟通的基础，是促进沟通的重要桥梁，因此实现跨部门的沟通合作需要从建立信任入手，营造出彼此信任的良好合作氛围。建立信任的合作关系应着重从以下几个方面切入，如图 3-5 所示。

（1）透明的沟通渠道

不同的部门有不同的职责，涉及不同的专业领域，同时每个部门在长期工作中都会形成独属于本部门的工作方式，这些都是部门在进行沟通时需克服的因素。在开展部门间的团队合作时，要建立有效的沟通途径，团队成员之间要彼此敞开心扉，坦诚相见，避免出现信息传递不畅或是不准确的情况。为了让同事及时了解工作进度，团队成员需要定期交流和反馈。

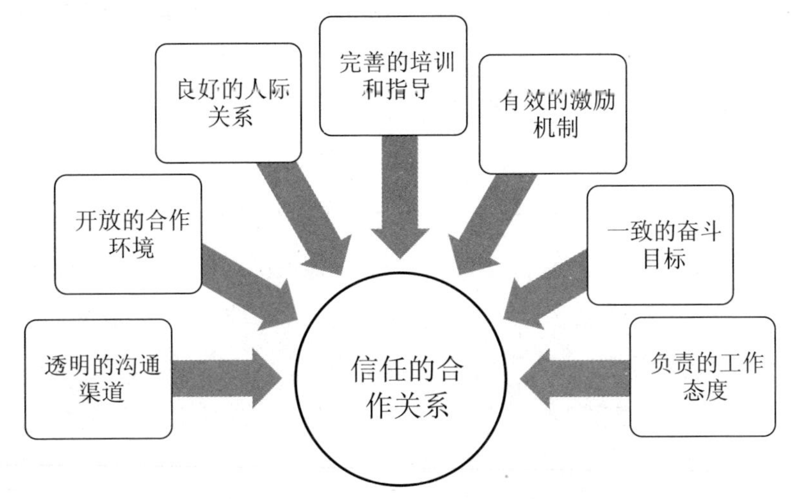

图 3-5　建立信任的合作关系的切入点

（2）开放的合作环境

团队成员之间在短时间内建立信任需要一个开放的合作环境。在这样的环境下，每一位成员都可以尽情地表达，分享自己的见解。这个过程中，成员之间的距离被大大拉近，对共事的伙伴有了更深的了解，同时每一位成员都提供了有用的信息和资源，这些都将对合作起到很大的促进作用。

（3）良好的人际关系

一个稳定的团队要有和睦融洽的氛围，这样的氛围建立在良好人际关系的基础之上。如果成员能够从对方那里获得积极的情绪，那么他们就会彼此信任，愿意与对方共事。团队成员之间相互尊重、和谐共处，有利于消除矛盾和隔阂、建立信任，对于推动沟通与合作具有积极的意义。

（4）完善的培训和指导

有时候跨团队成员在建立信任关系等方面并没有太多的经验，因此需接受相应的培训和指导。经过系统培训，成员能够了解其他部门的基本情况，掌握团队合作的基本要领，懂得怎样在短时间内与其他部门建立信任关系、实现有效沟通。

（5）有效的激励机制

在建立信任关系的过程中，成员希望自己的努力得到认可、自己的成就和进展得到嘉奖，这是他们取得成果的动力，也能进一步调动起他们的积极性。因此，企业可以建立有效的激励机制，对表现优秀的成员予以表扬，或者是发放现金和实物奖励。

（6）一致的奋斗目标

要建立信任的合作关系，就应该让共同成功的理念深入人心，跨部门合作的成果属于参与合作的每个部门，而不是某个单独的部门。接受了共同成功的理念后，团队成员之间的亲近感会加深，认可对方是向着同一目标前进的同道中人，而成功的结果也会使他们共同受益，从而在彼此之间建立起信任的合作关系。

（7）负责的工作态度

组织要定期召开会议，比如周例会、月例会等，对各部门工作中出现的问题进行分析，为各部门领导相互沟通、交流提供一个平台。部门领导要有自己的担当，要勇于承担责任，以获取他人的好感，保证跨部门沟通能顺利进行。如果在跨部门合作的过程中，因本部门成员的失误而导致项目出现问题时，高层领导必须严守公平公正的原则，不能有所偏颇，否则跨部门沟通就难以顺利推进，甚至破坏部门之间的和谐。

要实现高效的跨部门沟通，每个成员都必须明确自身定位，主动承担责任，做好属于自己的工作。任何企业都是由不同的部门构成的，部门的重要程度不仅与其承担的职责有关，与其发挥的作用、创造的价值也密切相关。但是在企业内部，无论是部门领导还是员工都要秉持一种意识——“分工不分家”，企业要想正常运作离不开任何一个部门的参与。

3.2.4 创建跨部门工作小组

从部门层面来看，跨部门沟通要成功落地，除了以上提到的三点外，创建跨部门工作小组也十分有必要。由于具有明确的目标和职责，创建跨部门工作小组不仅有助于提升企业各个部门和成员的沟通和协调能力，而且能够高效整合企业的各项资源，从而最终提升企业的整体运营效率。

（1）目标与职责

当企业因某个项目或某项任务需要跨部门沟通与协作时，跨部门工作小组便可以成为跨部门合作的桥梁，因此其成立的目标是十分明确的。但在具体的项目或任务中，跨部门工作小组的职责可能会有所不同。总的来说，其职责主要包括以下几点：

- 对具体的项目或任务进行分析，明确需要达成的目标，制定相关计划或时间表。
- 将涉及的工作进行细分，落实到具体的部门和个人，并确保其清楚相关职责。
- 借助线上、线下平台，促进与项目和任务相关的信息能够充分流动。
- 时刻监督项目或任务的进展，并解决过程中出现的各种问题。
- 评估项目或任务的完成情况，并提出具体的改进措施。

（2）组织与人员

跨部门工作小组的具体人员安排如表 3-1 所示。

表 3-1　跨部门工作小组的人员安排

成员类别	具体情况
成员	跨部门工作小组的成员应包括企业各个部门的人员； 除具备原部门的相关知识和背景外，还应具有较为出色的沟通和协调能力
负责人	从小组成员中选出； 负责对小组成员进行协调和管理； 需定期向相关领导汇报工作进展
关联人员	主要指直接负责跨部门工作的高层管理者； 需为小组的工作提供资源支持等

（3）工作计划与具体安排

跨部门工作小组的工作计划与具体安排如表 3-2 所示。

表 3-2　跨部门工作小组的工作计划与具体安排

阶段	具体安排
项目启动阶段	明确项目需要达到的目标以及具体里程碑； 指定项目的负责人以及与各部门对接的小组成员； 制订具体的工作计划，并依据计划确定详细的时间表

续表

阶段	具体安排
任务分配与实施阶段	围绕工作计划进行任务分配，确保参与成员明确自己的职责； 在项目实施过程中，时刻监督进展，并分析是否达到预期安排； 在跨部门的沟通与协作中，起到桥梁和润滑剂的作用
项目评估与总结阶段	对照项目目标，评估获得的成果； 总结项目实施过程中的经验和教训； 提出具体的改进方案

（4）沟通与协调机制

为了实现高效的跨部门沟通与协作，跨部门工作小组还需要建设企业内的沟通与协调机制，具体比如定期召开跨部门协调会议等，会议的具体情况如表 3-3 所示。

表 3-3　跨部门协调会议的具体情况

要素	具体内容
参与方	各部门的负责人
会议目标	了解各部门的基本情况和相关需求； 针对具体问题，制定解决方案； 制定相关对策，提高协作效率
会议内容	分享跨部门合作中遇到的问题； 介绍相关工作的具体进展； 讨论跨部门沟通的相关对策

（5）风险管理

针对跨部门沟通与协作中可能遇到的问题和风险，跨部门工作小组应进行有效的风险管理，具体要点如下：

- 基于已有的相关经验，评估可能存在的风险。
- 针对具体风险，制定应对策略。
- 在项目实施过程中评估进展，并确保其未偏离预期。

3.3　个人层面：高效跨部门沟通的实战技巧

3.3.1　积极聆听：3F 倾听法的应用

善于沟通的人会强调倾听的重要性，并且懂得怎样进行有效倾听。有效倾听不只是掌握说话者话语中的基本信息，还要透过言语读懂说话者此时的心境，让对方产生被理解的感觉，从而愿意与倾听者展开更深入的沟通。在跨部门沟通中实现有效倾听，可以使沟通变得更加顺利，更容易达到预期的效果。

（1）3F 倾听法

3F 倾听法是一种十分有效的倾听策略。这一方法的提出参考了两位学者的研究结果，分别是非暴力沟通倡导者、美国心理学家马歇尔·罗森博格（Marshall B. Rosenberg）博士，以及现代商业教练之父汤姆·斯通（Tom Stone）。根据 3F 倾听法，在倾听时，要关注对方传达出的事实（Fact）、感受（Feeling）和意图（Focus）三个方面的信息，如下图 3-6 所示。

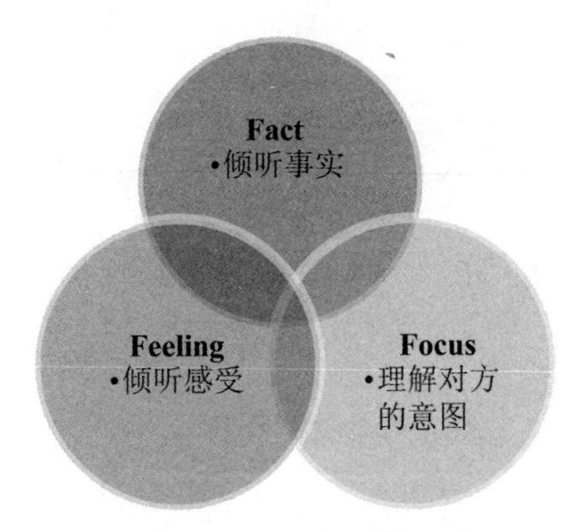

图 3-6　3F 倾听法的关注点

① 倾听事实（Fact）

很多时候，人们不会对别人传递的信息照单全收，而是会根据自己的立场、想法和思维习惯进行主观理解和评判。这就很有可能曲解他人的原意，使事实遭到掩盖或扭曲，进而造成误解与隔阂。因此，在倾听时注意不要受先入之见或思维定式的影响，不要加入自己的主观判断，应客观地看待和理解对方传达出的信息，保留信息的原貌。

② 倾听感受（Feeling）

有效的倾听不仅要接受对方传递出的事实，也要领会到对方由话语传达出的感受。倾听时从情感上主动贴近对方，多做换位思考以对他人的经历和处境感同身受，并在倾听过后给出回应，使对方感觉到被理解和认同。

③ 理解对方的意图（Focus）

个体在通过话语表达自己真正诉求和意图时，往往倾向于采用较为委婉和隐晦的方式，这就要求倾听者在理解对方所传递的事实和感受的基础上，敏锐察觉并充分领会对方隐藏在话语后的真实期望和诉求。沟通以解决问题为目的和指向，而了解对方需求是解决问题的前提和关键。

（2）有效反馈与回应

积极的聆听需要及时给予对方回应，这样才能够树立真诚、值得信赖的形象，并体现对发言者的关注和重视。具体来看，个体可以通过肢体语言、鼓励性语言和询问性语言给出积极的反馈和回应。有效反馈与回应的要点如图 3-7 所示。

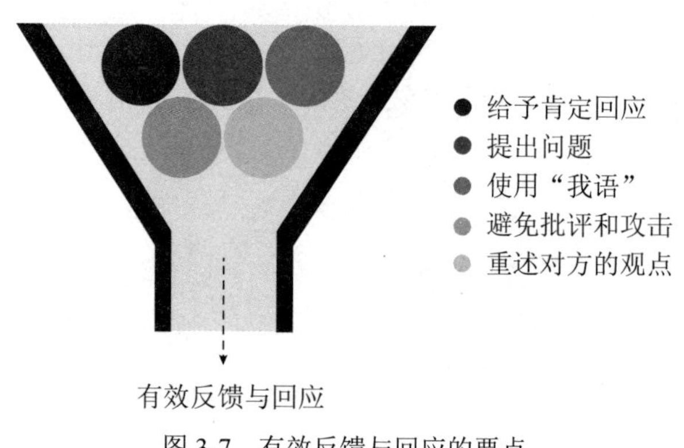

图 3-7　有效反馈与回应的要点

① 给予肯定回应

肯定的回应能够传递给对方一种积极的信号，即你愿意听他讲话，且对他所讲的话持认同态度，比如，回应“我明白你的意思”“的确是这样”“我也有这种感觉”等。另外，也可以通过微笑和点头等肢体语言给出肯定回应。

② 提出问题

提出问题可以是为了消除误解和歧义，也可以用来获取对方对某些问题更详细的解释和说明，从而对其想法有更深入的了解。要尽量在关键的地方发出提问，而不是问一些关联不大或不着边际的问题。

③ 使用“我语”

在给出反馈时使用“我感觉”“我想”“在我看来”等“我语”结构的语言，

表示这仅仅是自己的个人看法和主观感受，而非绝对的、确定无疑的评判，这可以使对方更容易接受。

④ 避免批评和攻击

反馈时使用的话语要温和，不要带有攻击性，不使用可能冒犯到对方的表达，比如“你完全没有……”“你怎么会认为……”等尖锐的批评和质问。

⑤ 重述对方的观点

对方讲话完毕后，可以将对方的观点重述一遍，表明自己有认真倾听，同时也能够核实自己的理解是否准确，比如，运用“你是说……”“你的意思是……”等方式进行重述，通常能够起到比较好的效果。

优秀的倾听者会认真关注和理解对方的想法，挖掘对方想法中蕴含的价值，并找准时机提出自己的观点，而双方的观点相互融合补充，可以形成更好的解决方案。而且，在共同解决问题的过程中，双方也会增进对彼此的信任，取得良好的沟通效果。

3.3.2　正向沟通：肯定对方的动机

组织层面的因素是跨部门沟通的基础，而员工个人层面的因素，比如沟通方式、沟通态度等也能够作用于部门间的交流互动。要构建高效的跨部门沟通，个体可以采用正向沟通方式，肯定对方的动机，以营造和谐的沟通氛围，便于沟通的开展和合作的推进。以正向动机展开沟通的具体措施如图 3-8 所示。

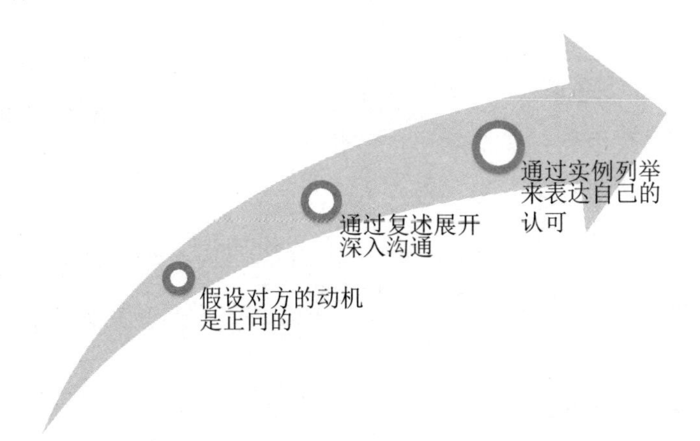

图 3-8　以正向动机展开沟通的具体措施

（1）假设对方的动机是正向的

当人们集中注意力去关注某件事时，就容易根据自己形成的现有印象看待整个事件。比如，如果开始时就认为别人的动机不良，之后人们就会去印证自己的观点，从各个方面查找对方的问题，最后得出与自己的想法一致的结论。

为了避免给双方合作带来不利影响，我们应该先假设对方的动机是正向的，即首先要肯定对方的动机，尽量避免在谈话开始时就指责对方的错误，以免引起对方的误解或者不满，导致矛盾产生。然后，在与其他部门沟通时，还应积极地给予赞赏与认可，进而提出双方合作中存在的问题，希望在今后能够有所改进。另外，如果管理者做出的决策存在问题，其他成员在向他反馈时也应该如此。如果假定对方的动机是负面的，那么在沟通过程中，很容易让对方产生你在针对他的感觉。

（2）通过复述展开深入沟通

通过分析人与人之间的沟通可以看出，如果阐述观点的一方觉得对方并未接收到自己传达的信息，就会不断强调自己的观点，而不会与对方进行下一步的谈话。在沟通过程中，信息接收方可以复述对方的观点，表示出自己在认真倾听，这样既能体现自己尊重对方的态度，又能促使双方进行下一步的沟通。

另外，在沟通过程中，双方都会表达自己的看法，但在具体词语使用或表达方式上可能存在或多或少的区别，如果沟通双方不能及时在自己与对方的意见表达方式之间进行转换，就容易产生误解，导致争论甚至产生严重的矛盾，而复述对方观点则能够有效避免这种情况。

（3）通过实例列举来表达自己的认可

所有人都希望获得别人的认可，但在跨部门沟通中很多人往往忽视了这一点。相比之下，表扬比批评更能促使人奋进。如果期待对方能够做出更好的表现，不妨尝试先对其以往表现进行肯定。在表扬时需要注意一点，应该列举出客观实例来表达自己的认可，指出对方曾在哪个项目上，为自己提供了什么方面的支持，而使自己如期达到预定目标。不然，会让对方感觉是刻意吹捧，实例列举则能有效解决这个问题。

3.3.3　高效表达：逻辑框架要清晰

工作中免不了与不同的个体展开沟通与协作，而为了提升沟通的效能，就需要掌握适用于职场的表达方式。

如果把日常生活中的表达习惯平移到职场中来，那么就很有可能给工作造成不小的阻碍。比如，汇报一件事本来只需 5 分钟，而你滔滔不绝地说了半小时，这影响了正常的工作流程，也会给他人造成不好的印象；再比如，当项目需要借助跨部门协作来完成时，如果不能通过清晰的表达引导其他部门的员工参与到协作中来，将会影响项目的正常进度。

因此，练就良好的职场表达能力，可以让我们在跨部门沟通时更加从容，提高工作效率。具体可以借助以下方法，提升职场表达力。

（1）30 秒电梯表达法

"30 秒电梯法则"是麦肯锡咨询公司在经历了一次沉痛的教训后提出的。这家著名的咨询公司曾经接待过一位重要的大客户，项目负责人做完项目之后在电梯里偶然遇到了客户公司的董事长。董事长请项目负责人说一下咨询的结果，由于负责人事先并没有做好准备，更何况电梯从 30 楼到达底楼的时间只有 30 秒，最终负责人没能做到将结果清晰地传达给对方公司的董事长，麦肯锡公司也与这个大客户失之交臂。

这件事过后，麦肯锡公司对员工提出了新的要求，必须在最短的时间内把结果清晰地表达出来，此即著名的"30 秒电梯法则"的由来。在麦肯锡公司内部，这一法则使员工的沟通变得更加高效，而在整个咨询行业内，它成了一面代表高效沟通的旗帜。

那么，在介绍一件事情时，怎样做到简练、明晰，且能够吸引到对方呢？

① 明确目的

在沟通开始时，要开门见山说明来意，让对方知道自己抱有什么样的目的。这样对方能迅速了解到自己的真正需求和期望，使沟通变得更有针对性，提高沟通效率。另外，直接阐明目的会给对方留下直率坦诚的印象，有利于彼此之间建立信任，推动沟通的顺利进行。

② 提供依据

在提出目的之后，要用数据支撑自己的观点。数据是最客观的，借助数据和图表可以将市场和竞争等方面的基本情况清晰直观地展示出来，增强观点的说服力，也能够使对方更容易理解。

数据的优点是详尽直观，但局限性在于感染力不够强，因此为了增强观点的说服力，我们还需要以故事和案例等作为补充。通过讲述故事和案例，让原本抽象的理论和概念变得具体生动，利于与对方达成情感上的共鸣，以对我们提出的观点和结论产生更深的理解和信任。可见，在沟通过程中要善于通过不同的方式为自己的观点提供依据，发挥数据以及案例、故事的积极作用，让自己的观点更容易被对方所接受，从而使沟通合作进展得更加顺利。

③ 提出设想

要想让对方接受自己的观点进而展开合作，就需要明确地向对方表达出自己的设想，这样对方能了解到你能带给他什么、能为他创造什么样的价值、解决哪些问题。如果对方知道他能够从合作中受益，那么合作的推进效率将不是问题，同时也有利于合作取得预期的效果。

以上三点是在向对方介绍自己的观点和结论时需抓住的要领，另外在沟通过程中还要善于换位思考。通过换位思考可以了解到对方的需求和期望，也可以对自己的行为作出审视，使合作变得更有针对性，并对自己的行为方式作出相应调整。

（2）结构化表达法

在表达和介绍一件事物时可以分成若干个要点，并采用恰当的结构模型。总分总、倒叙、因果递进这几种结构模型是较常使用的。

① 总分总

总分总结构的表达模型有很强的实用性，在现实中被广泛运用，特别是在需要阐明核心观点时，该结构有助于理清思路，使表达更加完整和顺畅，并易于被听众理解。

总分总结构的第一部分是“总”，即提出总体的观点和结论，让听众抓住所讲内容的核心与重点；之后是“分”，即将观点分成多个要点详细阐述，各个要点最好用数字标记出来，使听众了解得出观点的思维逻辑，增强观点的说服力；最后又是“总”，即再一次申明和强调自己的观点和结论，同时还可以对观点作出适当的延伸和补充，确保听众对核心观点形成足够深刻的印象。

② 倒叙

倒叙的表达方式可以大幅提升信息的传递效率，在时间紧迫的条件下非常适用。在倒叙中，以重要性为依据来确定信息阐述的顺序，关键的信息会放到前面，之后再依次补充其他信息，这也使得表达具备很强的条理性，逻辑非常顺畅。

按照倒叙的结构模型，第一步先直截了当地说出结论，将核心信息传递给听众；第二步解释为什么得出这样的结论，为结论提供依据；第三步介绍结论所处的整体背景，说明结论的意义和适用范围；最后，将关于结论的信息从逻辑上串联起来，使结论具备更强的说服力。

③ 因果递进

因果递进结构的表达方式的主要特点在于逻辑的严密性和认识的逐步深入，因此，其适用于大规模或深层次的项目汇报。

因果递进表达需要首先透过现象窥探背后的原因，形成初步结论；之后，通过逻辑的演化不断地得出更深层次的结论，推导过程环环相扣，逻辑关系逐级递进，最后确定的结论将具备足够的深度和很强的逻辑性。因果递进结构展现出了缜密的思维和严谨的态度，能够增强项目内容的感染力和说服力，更好地体现项目的价值。

3.3.4　跨部门高效沟通的 6 个原则

在企业跨部门沟通的过程中，我们应该遵循以下 6 个原则，如图 3-9 所示。

（1）开诚布公

跨部门沟通的对象是公司同事，大家的整体利益是一致的。为此，在跨部门沟通的时候切忌隐瞒和欺骗，一定要开诚布公，与其建立良好的信任关系，向对方敞开心扉，让对方了解自己的需求与顾虑，进而针对需解决的问题达成共识。另外，这种信任关系的建立还能为以后的跨部门沟通与合作打下良好的基础。否则，就会增加彼此的抗拒心理，加大部门隔阂，影响跨部门沟通的效果。

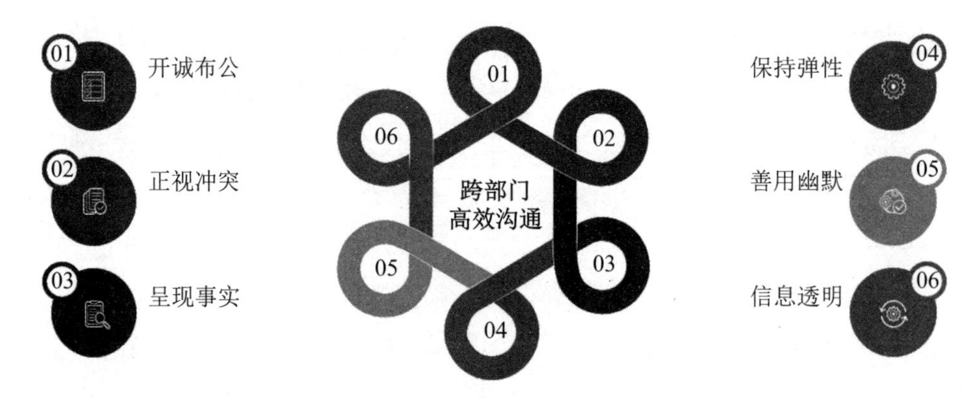

图 3-9　跨部门高效沟通的 6 个原则

（2）正视冲突

在跨部门会议中，各个部门主管会竭尽全力地为自己的部门争取最大的利益，所以，摩擦与争吵是难以避免的。但有的时候，新上任的部门主管为了维护会议良好的气氛、为了保证部门间的和谐，经常会以沉默来表示自己的不赞同。虽然沉默有效地避免了冲突，但并不代表双方达成了共识。事实上，这种在没有冲突的情况下勉强达成的决策，质量更堪忧。

在某些情况下，和谐的气氛难以使问题得到有效解决。为此，各部门主管应正视冲突，坚定自己的立场，要敢于表达自己的观点及诉求，不要以沉默来表示反抗，也不要为了维持部门间的和谐而一味屈从，要牢记部门主管的职责——维护部门及部门员工的利益。

（3）呈现事实

在跨部门沟通的过程中，吸引他人注意力的最好的方法就是呈现事实，以事实将他人的注意力吸引到中心议题上来，以减少猜忌与臆测。这里的“事实”指的是产品销售现状、市场占有率、竞争对手的行为等。

《哈佛商业评论》曾指出：事实可以将沟通过程中“人”的因素的影响降到最低。这里说的“人”的因素指的是在不明真相的情况下，对他人动机的猜疑与臆想。因此，将事实呈现出来能降低“人”的因素对沟通结果的影响，因为“事实胜于雄辩”。所以，在跨部门沟通的过程中呈现事实，能够创造一种有利于讨论的氛围，能有效地将人身攻击事件的发生频率降到最低。

（4）保持弹性

在跨部门沟通的过程中，不要拘泥于某一个问题解决方案，要提出多个问题解决方案供对方选择，给出选择空间。面对多项选择，部门主管能在一定的限度内自由地调整自己的支持度，也能没有负担地改变自己的立场，降低跨部门沟通过程中的冲突与摩擦，提升跨部门沟通的质量与效率。

（5）善用幽默

在跨部门沟通的过程中，幽默能化解很多尴尬，可以降低接受难度、减少沟通障碍。比如，如果你在跨部门会议中要呈现的事实有可能会触犯他人的利益，就可以将幽默当作一种缓冲剂，将事实以幽默的方式呈现出来，消除沟通障碍，保证跨部门沟通的有效性。

（6）信息透明

在跨部门沟通成功完成之后，部门主管要将跨部门沟通的结果、项目的具体内容或者议题的具体信息传达给部门内部成员知晓。因为，在很多情况下，项目的执行主体还是部门内部员工，其他部门只起到辅助作用。因此，部门内部一定要实现无障碍沟通，保证部门内部所有的员工都能准确无误地接收到主管传达出来的信息，切实维护跨部门沟通的成果。

第 4 章

跨部门会议管理

4.1 会议管理的类型、原则与实战流程

4.1.1 企业会议的主要类型

对企业来说，会议是组织日常工作中的重要组成部分，企业管理者通过参与会议能够共同讨论有关公司发展的重大战略决策。从性质上来说，会议属于群体性活动，以特定目标的实现为核心，需参与者遵循统一秩序，表达自己的观点。

会议涉及的因素有：组织者、参与者、主持人、会议时间及地点、会议主题、会议流程等。高效的会议能够让参与者达成一致，为企业今后的发展指明方向，做好各个部门之间的沟通，有效推进各项工作的展开。

会议可以按照性质划分为两种类型：一类是任务导向会议，这类会议主要讨论并处理一些特定的问题，大多在出现紧急事项或特定任务时召开，没有固定的召开周期，在会议过程中，与会人员会围绕任务做出相应的决策；另一类是过程导向会议，这类会议主要用于学习工作所需的各项知识技能和交流工作相关信息，是一种例行性会议，通常具有一定的召开周期。会议的主要类型如图 4-1 所示。

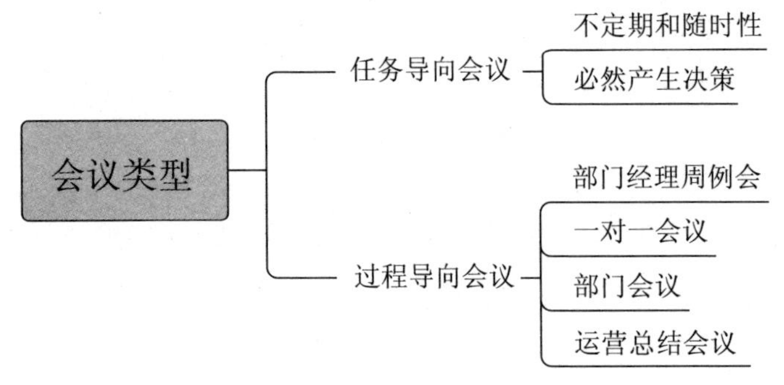

图 4-1 企业会议的主要类型

(1) 任务导向会议

任务导向会议的召开具有不定期和随时性的特点，且只要召开会议，必会产

生决策。一般来说，主席是任务导向会议的主要负责人，也是整个会议中最重要的参会者，需要在会议召开前、会议进行时和会议结束后处理好各项相关工作，维持好会议秩序。

在会议召开前，主席需要明确此次会议的任务、目的和必要程度。比如必要程度方面，处理方式如表 4-1 所示。

表 4-1　不同必要程度的会议的处理方式

必要程度	处理方式
必要性不足的会议	主席应评估会议的价值与效用，在其价值与效用较低时及时取消，并积极探索其他路线，制定新的任务方案
必要性较高的会议	主席应进一步确定与会人员名单，并向名单中的人发出会议通知，帮助各与会人员提前了解会议的目的和自身的任务，除此之外，还需对会议室中的视听设备进行检查，确保所需设备均可正常使用

在会议召开时，主席需要维持会场秩序，把握好会议流程，带动所有与会人员加入任务内容的讨论当中，避免出现与会人员不发表看法的情况。在会议结束后，主席应向各与会人员发送详细的会议纪要，让所有与会人员都能了解此次会议上做出的决策和确定的任务方案，帮助与会人员明确自身的工作任务。

（2）过程导向会议

过程导向会议大致可分为以下四种类型。

① 部门经理周例会

部门经理周例会主要有两项会议目的：一项是确保各部门员工具备良好的工作状态，能够高效处理各项工作任务；另一项是各个部门经理向领导汇报自身所属部门的运行情况，探讨部门与部门之间的协作问题，并处理各项涉及多个部门的共同利益的问题。

一般来说，部门经理周例会的与会人员主要包括各个部门经理，会议周期为一周。部门经理周例会并不会制订任何行动计划，也不进行决策，但各与会人员会参考当前的工作情况为相关计划的展开提供支持和便利，并就各项工作相关的短期行为进行讨论。除此之外，参加会议的各个部门经理也会在一周的时间内整合各方资源，与各个部门协同合作，共同推进行动计划。

从会议流程上来看，部门经理周例会主要包括三项内容，如表 4-2 所示。

表 4-2　部门经理周例会的主要内容

标号	主要内容
1	各个部门经理在会上汇报自身所属部门的运行情况，并向会上的其他部门经理寻求帮助和解决办法
2	各个部门经理在会上汇报自身所属部门的运行情况，并向会上的其他部门经理寻求帮助和解决办法
3	讨论问题并统一看法

部门经理周例会的会议时长通常较短，仅一小时左右，但开会的领导可以在会上整合各个部门经理给出的信息，快速了解企业当前的业务运行情况，全方位掌握各个部门的工作情况，也可以指导各个部门的工作，为部门与部门之间的协作提供支持，帮助各个部门经理明确工作任务和下次会议的汇报内容。因此，召开部门经理周例会具有凝聚领导层的力量和提高各部门之间的协调性的作用，能够为企业的发展提供助力。

② 一对一会议

一对一会议是经理人与其下属之间的会议，在会议过程中，经理人与下属之间需要进行信息交流和学习。其中，会议中的上级应向下属传授工作经验、工作技能和相关知识，为其处理工作中遇到的各类问题提供指导；会议中的下属应向上级汇报近期的工作情况以及工作中遇到的难题，并寻求解决办法。

一对一会议的召开频率受多项因素影响，如工作的复杂程度、下属对工作的熟悉程度、特定工作中事情的变化速度等。一般来说，召开频率为每周一次或每月一次，会议时间不低于一小时，开会地点通常选在下属较为熟悉的地方，如下属的工位等。在这样的地点进行面谈既有助于放松下属的心情，促进双方以平常心进行交流；也能够根据工位的物品摆放情况等进一步获取到下属的日常习惯等其他信息，加深对下属的了解。

③ 部门会议

部门会议是员工之间进行交流互动的平台，与会人员主要包括部门主管和该部门的员工。一般来说，在部门会议当中，与超过两个员工相关的问题都会成为会议议题，且部门会议具有一定的计划性，与会人员需要在会议开始前明确会议讨论内容，做好会议相关的各项准备工作，以便在开会期间与其他人进行讨论。除此之外，在每个问题讨论完毕时，会议的主持人都要空出开放时间供各与会人员对工作细节进行交流，在这段时间内，与会人员也可以就当前尚未完全成型的提案进行讨论。

在部门会议中，上级通常需要把控会议的进度和议题，鼓励参加会议的下属积极参与讨论、踊跃发言，帮助各与会人员明确会议重点，同时也要防止会上出现纷争等问题。

对上级来说，可以通过部门会议来掌握各个下属之间的互动情况，并为各个下属之间的良好互动提供支持，同时也可以在出现冲突等事件时进一步了解事件的真相；对普通员工来说，可以通过部门会议与同事进行交流，提高对同事的了解程度；对经理人来说，可以通过部门会议了解其他经理人的工作，进而提高与其他经理人之间的协同性和协同工作时的工作效率。

④ 运营总结会议

运营总结会议的与会人员主要包括以下四类，如表 4-3 所示。

表 4-3　运营总结会议的与会人员

人员类别	具体工作
会议提案人	会议提案人需要充分利用会议室中的各项视听传达工具（如触摸屏、投影仪、幻灯片等）向其他与会人员传达提案信息，帮助与会人员了解提案内容，同时也要时刻关注各个与会人员的状态，通过与会人员的表情、动作和眼神等来判断其是否已理解提案内容，并据此调整提案节奏
会议召集人	一般情况下，会议召集人为会议提案人的上级。在会议开始前，会议召集人需要完成确定会议召开地点、准备视听材料、发布会议通知等各项会场布置相关工作，同时也要制定会议议程，尽量避免出现会议延期等问题；在会议进行时，会议召集人还需关注会议进度，防止出现会议节奏拖沓等问题，确保会议能够按部就班地进行下去
总结负责人	总结负责人通常是某一部门的总经理或主管，主要负责全局掌控运营成效，找出运营中的关键问题，提出具有建设性的建议，并向下属传授工作经验，带动与会人员积极参与讨论，同时也需要充分发挥应变能力，灵活处理各类突发事件
其他与会者	其他与会者在会议中可以通过纠错的方式帮助提案人及时发现问题，也可以针对会议内容提出疑问，让提案人可以从不同的角度思考问题，完善提案。总而言之，其他与会者也需要积极参与会议的各个环节，且在会议中发挥积极作用

4.1.2 会议管理的 5 个原则

会议具有目的性强、组织性强、集体性强和交流性强等特点，与企业运营的多个方面关系密切，为了高效有序地召开和推进会议，企业需要协调好各方关系，加强会议管理。

会议管理指的是会议组织者利用科学的方法达成会议目标。具体来说，会议管理能够在策划、报批、申办、筹备、接待、举行、主持、总结、评估、反馈等多个环节发挥作用，可以在最大限度地优化服务、降低成本、提高效率，同时也有助于提高会议资源配置的合理性。会议管理主要遵循 5 个原则，如图 4-2 所示。

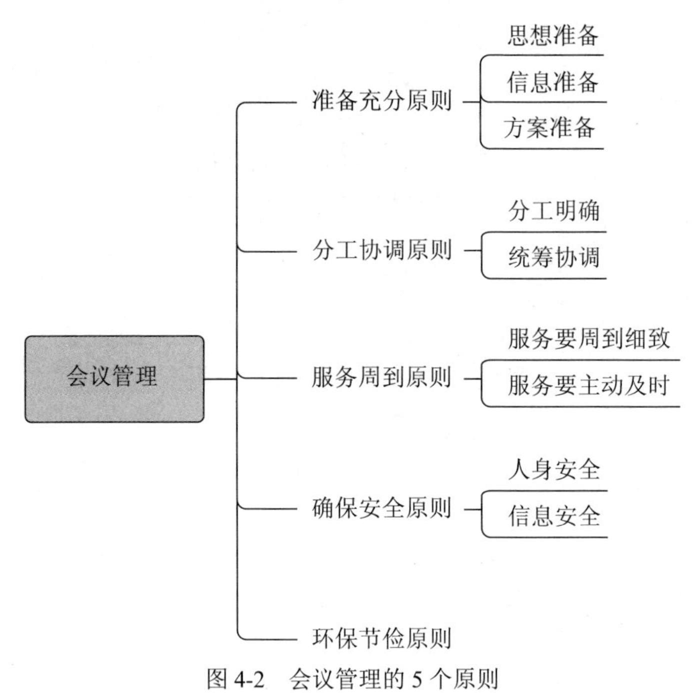

图 4-2 会议管理的 5 个原则

（1）准备充分原则

充分的准备是会议成功的关键。具体来说，准备充分原则主要涉及以下几项内容。

① 思想准备

在已经确定召开会议后，组织和筹备会议的相关工作人员需要先在思想层面和心理层面做好准备，学习与此次会议相关的各项法律法规，阅读相关政策文件，了解会议管理的各项目标和要求。

② 信息准备

信息准备指的是提前准备好各项会议信息，这些会议信息既能够为领导层人员决策提供参考依据，也能够为与会人员了解会议内容提供帮助。具体来说，会议信息主要涉及以下几项内容，如表 4-4 所示。

表 4-4　会议信息涉及的主要内容

信息类别	具体内容
议题性信息	即需要在会上讨论、研究或处理的问题和工作。在采集议题性信息时，会议相关工作人员应先明确会议主题、具体议题和会议议程，并围绕这些内容找出各项与之相关的关键性信息
指导性信息	即对顺利召开会议具有指导意义的信息，主要包括相关法律法规和相关政策文件等，会议相关工作人员可以参考这类信息确定会议形式和会议内容
参考性信息	即以会议为核心的各项相关信息，主要包括各与会人员以及相关组织和机构针对此次会议提出的意见、建议和要求，会议相关背景和阐述性资料，需要给与会人员发送的会议资料，同类型会议中总结出的经验和教训
会务方面的信息	即会议筹备阶段所需的各项信息，这些信息在会议的接待、宣传等多个方面发挥着十分重要的作用。具体来说，会议相关工作人员可以根据与会人员相关信息来安排接待工作，确保会议接待的有序性和高效性；也可以根据人员的采访安排信息进一步落实会议宣传工作，确保会议宣传的有效性

③ 方案准备

方案准备指的是针对会议中的各个具体事项制定严谨周全的活动方案和备选方案。具体来说，会议相关工作人员准备实施方案和应急方案等多项方案，以便根据情势变化情况选择合适的方案，对于重要性程度较高的会议，相关工作人员还需进一步对方案进行检查和评估，确保方案的科学性、合理性、可行性和有效性。

（2）分工协调原则

会议管理具有整体性和复杂性的特点，企业在召开会议时需要确保各个管理部门分工明确，同时也要支持各部门之间进行交流与协作。具体来说，各管理部门在分工协调时必须遵守以下两项要求。

① 分工明确

会议的负责人需要将活动中的每项工作、每个环节、每个岗位都落实到人，每个工作人员都要明确自身的工作内容和职责。

② 统筹协调

企业需要建立协调机制，提高部门与部门、部门与员工、员工与员工之间的协调性，打造高度协调的工作团队，从整体上对会议所涉及的各项工作进行谋划、部署、协调，进一步提升管理效益。

（3）服务周到原则

会议管理相当于会议服务，高质量的会议服务有助于提高会议进行的顺畅程度，优化会议的品牌形象，加深与会人员对此次会议的记忆，增强与会人员对会议组织者的能力的肯定。具体来说，服务周到原则主要涉及以下几项内容。

① 服务要周到细致

会议服务主要包括接站、注册、住宿、餐饮、观光、出行和文件分发等工作。为了提高与会人员对会议服务的满意程度，会议组织者需要满足与会人员提出的各项合理需求，为与会人员提供方便，并确保会议活动期间的各项安排的合理性、有序性、严谨性和细致性，防止出现影响与会人员工作的问题。对于受客观因素影响难以迅速满足的需求，会议组织者也要及时向与会人员作出合理的解释，争取得到与会人员的理解。

② 服务要主动及时

会议组织者需要站在与会人员的角度上看待和思考问题，全方位了解与会人员的实际需求，并最大限度地满足。

（4）确保安全原则

为了保证会议成功，会议组织者必须全面确保会议的安全性。具体来说，会议的安全主要涉及以下两个方面。

① 人身安全

人身安全与交通、消防、医疗、防疫、饮食、场馆、自然灾害和恐怖袭击等多项因素有关，保障人身安全是会议管理的重要内容。具体来说，为了确保与会人员的人身安全，企业必须做好以下几项工作：

- 企业应明确自身安全责任，全方位考虑各项可能会发生的危险事件，并在此基础上制定相应的应急预案，配置各项所需安全设备和设施，对所有相关工作人员和与会人员进行安全培训和演练。

- 企业应对会议场地进行安全检查和评估，及时解决各项安全问题，预留足够的安全设备和安全通道，提前准备可能会用到的各类急救设备，并安排医疗救助人员。
- 企业应为所有与会人员提供车接车送服务，并对接送所用的车辆进行检查，及时解决车辆存在的安全问题，并对司机进行交通安全方面的培训，确保行车的安全性。

② 信息安全

对于有保密要求的会议，企业应防止出现信息泄露等信息安全问题。从实际操作上来看，企业需要做好会场安排方面的保密工作，严格控制人员进出，并提前对各项相关设备和文件进行检查，防止出现窃听、文件丢失、数据篡改等问题。

（5）环保节俭原则

会议活动在为企业提升效益的同时也会产生资源消耗，企业在开展会议活动的过程中应严格贯彻落实环保节俭原则，这既能够帮助企业减少会议成本支出，获得更高的经济效益，也能够在社会公众心里留下节能环保印象，从而间接获得一定的社会效益。

4.1.3　会议管理的成本控制

在企业运营中，如果会议效率低、会议过多，均可能会导致管理者对会议本身缺乏重视，员工也倾向于应付了事，而这会增加企业的成本消耗，导致企业的工作效率难以提高，在竞争中逐渐处于劣势地位。要发挥会议应有的价值，也需要进行会议管理的成本控制。

（1）企业会议的成本结构

企业会议成本具体包括三种：直接成本、时间成本与损失成本，如图 4-3 所示。

① 直接成本

直接成本即会议花费，大多具有直观、清晰、易预估、易统计的特点，如会议所需文件资料的费用、会场租金、与会人员在会议期间的相关花销（旅行、住宿、交通等）。

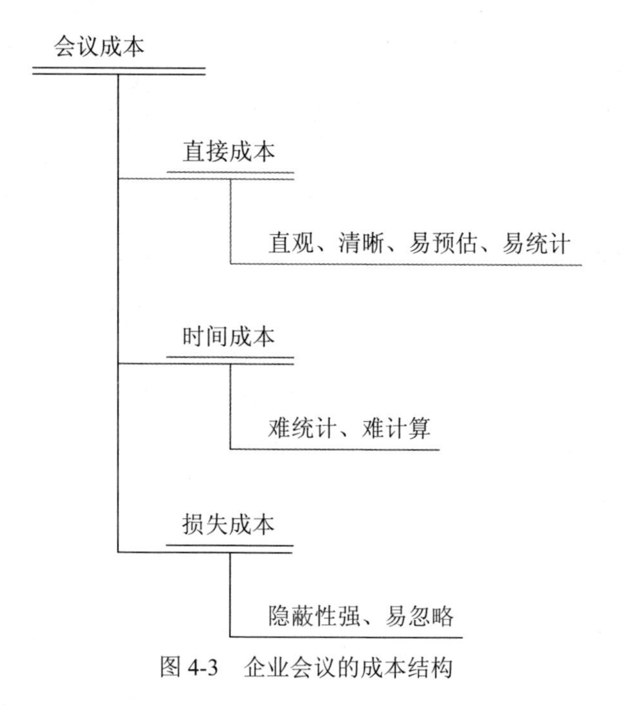

图 4-3　企业会议的成本结构

② 时间成本

时间成本具有难统计、难计算的特点，因此通常转化为金钱成本进行计算。具体来说，从时间的角度上来看，这一成本主要涉及与会人员的会议准备时间、与会人员到达会场的旅行时间、会议工作人员的时间、与会人员数量等内容；从金钱的角度上来看，这一成本主要涉及与会人员的数量和平均工资两项内容。

③ 损失成本

损失成本具有隐蔽性强、易忽略等特点。这部分成本产生的主要原因是与会人员在会议期间需要离开自身的工作岗位，难以兼顾原本的工作与会议，导致企业的生产、管理、市场反应出现滞后等问题。

比如，某公司要召开一次会议，参会人员为 10 人，整个会议过程要持续两个小时，其间需要使用投影仪等设备。按照每人每小时的工时成本为 30 元，薪资附加值系数（劳动产值）为 1.8，投影仪使用成本为 100 元 / 小时，会议室使用成本为 150 元 / 小时来计算。因此：

直接成本为：（150+100）×2=500 元，这部分成本主要是指会议室及会议设备的使用成本。

时间成本的计算公式如下：参会人员平均小时工资 × 薪资附加值系数 × 会议小时数 ×（参会人数 +2）×（1+1.5），则该公司这场会议的工时成本为：30×1.8×2×（10+2）×（1+1.5）3240 元。

那么，这场会议的直接成本与工时成本之和即 3740 元。企业一场会议所消耗的成本就接近 4000 元，若公司管理者时不时组织召开会议，给公司带来的成本消耗之大可想而知。

除了直接成本与工时成本之外，会议还会产生损失成本。举例来说，如果员工因会议未及时满足客户的咨询需求，可能会让客户觉得未受重视转向其他企业；如果消费者对企业的产品不满意，但员工因会议没有及时答复，也可能会影响公司的信誉。如果问题严重，还会影响公司的正常运转，导致产品供应无法满足市场需求，这些损失都不是小数目。

（2）企业会议成本控制的方法

为了保持良好的财务状况，企业需要制定有效的预算控制方法，在确保会议可以顺利推进的前提下进一步加强对会议成本的控制，如图 4-4 所示。

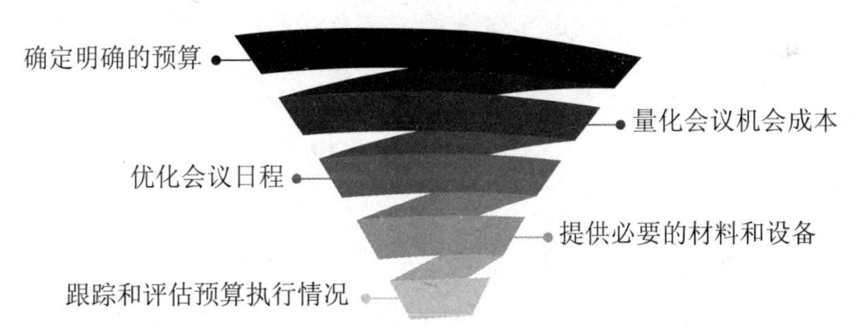

图 4-4　企业会议成本控制的方法

① 确定明确的预算

在会议开始之前，企业需要综合考虑餐饮、住宿、交通、津贴、会场租金等多项因素，并据此确定会议的预算，根据预算进行安排，将会议成本控制在预算范围内，进而达到控制会议开支的目的。

② 量化会议机会成本

在会议期间，与会人员无法继续在原本的岗位上为企业创造效益，导致日常劳动价值和机会收益大幅降低，对企业来说，需要通过量化管理的方式来综合分析会议成本和会议效果，以便加强对会议机会成本的控制，确保会议控制效果符合自身预期。

③ 优化会议日程

在会议议程规划过程中，企业需要确保每项内容的必要性和时间的紧凑性，只设置与会议的目标和议题相关的活动，并将各项活动进行重要性排序，同时也要充分发挥各种先进技术的作用，借助远程视频会议等基于通信技术的会议模式来降低差旅成本，减少非必要性的会议成本支出。

除此之外，企业的会议管理人员还需加强对会议中的每项活动、每个环节的控制，在保证与会人员数量和会议效果的基础上缩短会议时间，进而实现对机会成本的有效控制。

④ 提供必要的材料和设备

在会议开始之前，企业需要向与会人员发送会议所需的文件和数据等相关材料信息，帮助与会人员提前掌握会议相关问题，从而减少会议期间在浏览相关信息和讨论方面花费的时间，达到提高会议效率和减少时间成本的目的。不仅如此，企业还需确保会场中的各项相关设备设施均可正常使用，防止出现因设备设施损坏造成的会议中断、会议延期等问题，避免出现预算以外的费用支出。

⑤ 跟踪和评估预算执行情况

在会议推进过程中，企业应监控会议支出情况，并定期对比实际支出和预算，以便在出现超支问题时能够及时发现并进行调整，与此同时，企业也可以借助定期预算评估来获取会议在各个阶段的费用支出数据，并在以后的确定会议预算的过程中应用这些数据，提高未来会议预算规划的合理性和可行性。

4.1.4 低效会议的原因诊断

随着企业的发展壮大，业务量会逐渐增多，企业中重点部门的工作压力也会明显增加，需要按时完成工作进度。在这何种情况下，工作质量可能难以保证，资源供应也会比较紧缺，为了解决这些问题，重点部门需要与其他部门进行信息共享，展开有效的沟通互动，制定解决方案，而召开会议就成为企业的不二选择。然而，很多企业在会议组织与召开过程中，存在着会议延时、缺乏清晰的会议计划、会议资源协调不当等问题，导致会议效率难以提高，给企业的工作开展带来阻力。

同时，过多的会议，会让参与者产生厌倦情绪，导致会议效率低下，会议的实际价值也无法体现。但很多企业在会议组织及召开过程中均存在一些问题，问题示例如表 4-5 所示。

表 4-5　会议组织及召开过程中存在的问题示例

标号	问题
1	参会者已经做好了自己的工作安排，但临时被通知要去参加企业的会议，只能搁置自己的安排
2	会议已经开始很长时间，但参会者却不知道会议主题究竟是什么
3	参会者发现大部分会议内容都与自身工作联系不大，但却没有选择，只能出席整场会议
4	会议开始时间已到，但很多人都出现迟到情况，会议组织者只能通过电话依次询问，浪费时间
5	本应出席会议的重要领导迟到，其他人只能原地等待，严重影响会议的正常进行
6	会议期间，领导发言过于冗长，会议时间严重超时
7	会议讨论过程中各方意见产生分歧，但他们各执一词，既影响会议气氛，也无法得出一致结论，导致会议时间延长
8	会议开完之后，没有记录也没有对重要信息的整理
9	商务会议用时过长，但没有得出有效的结论，不能给合作方有效答复，影响企业的合作关系
10	会议中得出的决策，在会议之后并未执行，影响其他工作的开展

低效会议的原因大致包括以下几个方面，如图 4-5 所示。

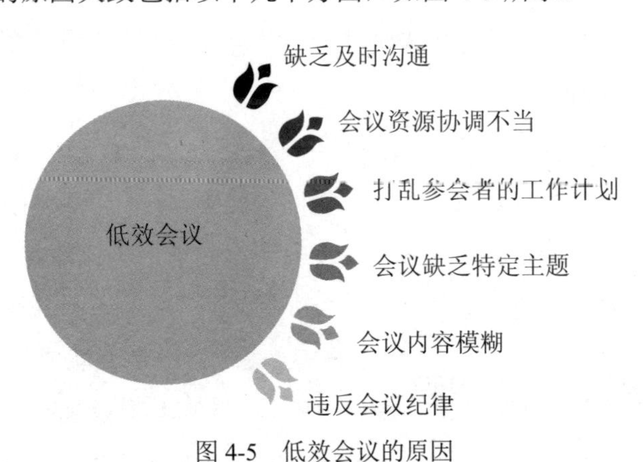

图 4-5　低效会议的原因

① 缺乏及时沟通

会议召开之前需要进行一些必要的准备，比如准备会议材料、通知与会人员等。如果是周一开会，企业需要在上一周的周五就着手进行会议安排。很多情况下，因为会议组织者并未与主持人进行有效沟通，增加了后期的协调任务，无法及时安排会议时间及参与者，延缓了整个会议计划的制订，等到计划完成，各个部门也来不及查看会议安排，无法明确自身的工作任务，会议效率难以提高。

② 会议资源协调不当

有的会议是临时召开的，企业如果对会议室等资源的管理不当，就可能出现会议召开时预定的会议室已经被占用，无法实现资源的优化配置，甚至出现混乱场面。

③ 打乱参会者的工作计划

参会人员需要在会议中投入大量时间与精力，若会议未按时结束且未达到预期目标，会提高企业的成本消耗，对参会者原本的工作安排造成干扰，对企业来说得不偿失。

④ 会议缺乏特定主题

如果会议没有围绕特定主题展开，参会人员未能承担自己的责任，这会影响整体的会议效率，甚至出现讨论双方各持己见、互不相让的局面，这既会延长会议时间，又无法获得理想的结果。

⑤ 会议内容模糊

如果会议组织者在会议召开之前没有向参会者传达会议议题、核心内容、会议目的等重要信息，导致与会者未进行充足的会议准备，便会降低会议效率。

⑥ 违反会议纪律

会议的正常召开需要基于相关的纪律和规范，如果参会成员违反会议纪律，就可能影响会议的质量和效率。比如，组织者将会议时间告知参会人员，但仍有人未按时到场，甚至缺席会议；与会者在参会期间未将手机设置静音，干扰会议的正常进行，导致会议效率下降。

4.1.5 高效会议的实战流程

企业需要通过会议组织与召开进行决策制定，并处理发展过程中出现的各类问题，但很多企业面临会议效率低下的问题，给企业带来巨大损失，且影响企业正常工作的开展。

不可否认的是，在企业发展过程中，开会确实是解决很多问题的有效方式，在企业发展的关键阶段，会议的重要性尤其突出。因此，企业应该提高会议效率，充分发挥会议价值，为在发展过程中面临的问题提供有效的解决方案，从而巩固在市场竞争中的优势地位。

具体来说，一场高效会议通常包括以下几个步骤，具体如图 4-6 所示。

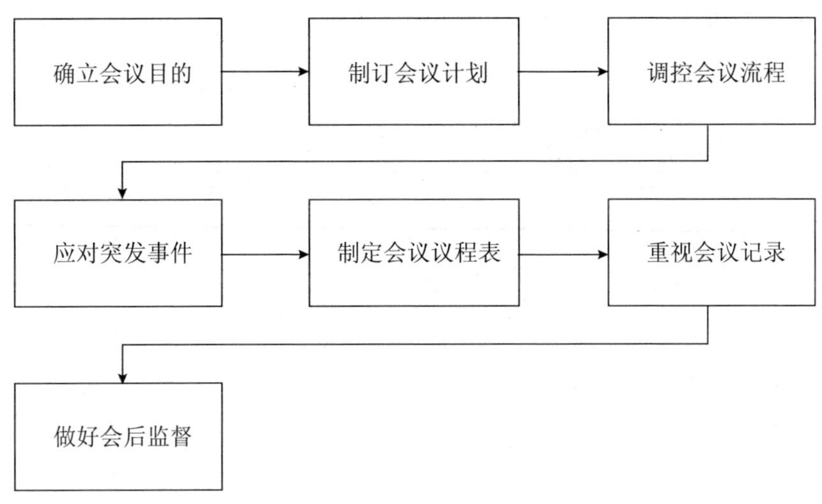

图 4-6　高效会议的七大步骤

（1）确立会议目的

无论是什么类型的会议，都要有确切的目标。其具体形式包括问题解决方案的提供、企业发展规划的制订等，比如会议的召开是为了完善当前企业的经营策略，或者将市场份额扩大到什么地步、销售收入达到什么标准等，通过具体的目标制定，确保会后的落实。

（2）制订会议计划

会议计划涉及多方面内容，比如与会者的选择、会议时间的设定、会议地点的安排、会议议程的确立等。以会议讨论环节为例，具体方式包括与会者自由发言，或者分组讨论再选择代表发言；从会议决策上来说，具体方式有与会者投票表决、管理者决策等方式。会议组织者应该提前确定会议议程，可以利用图表等清晰明了的方式列出会议时间、地点、议题等重要信息，并告知参会人员，方便他们进行时间安排，并根据会议主题准备资料与发言稿。

（3）调控会议流程

只有做好会议期间的调控工作，才能保证会议正常进行。比如，在会议开端，主持人需要强调会议目的，安排好会议记录及时间调控的负责人，将会议规范传达给每个与会者，减少其他因素的干扰；再比如，会议讨论一般包括如下几个环节：提出问题、相互沟通、观点产生、决策制定、明确具体行动及最后的总结。主持人需要对整个会议流程进行控制，确保会议围绕核心议题展开，避免会议迟开及会议时间延长，不要因为某个会议议程耽误其他议程的进行。

（4）应对突发事件

尽管会议计划已经确定、会议流程也有专人负责调控，但会议过程仍然具有一定的不可控性。比如，在会议期间，有可能会出现个别与会人员的行为影响整个会议进度的情况，引起其他人的不满，导致会议效率降低。对于这些会议中的突发事件，只有合理应对才能保证会议正常开展。

（5）制定会议议程表

精细、完善的会议议程表，能够为会议主持人提供有效的参考，确保会议能够正常进行，并提高会议效率。在会议召开期间，主持人应该对照议程表进行会议时间控制，避免漏掉细节，还要争取在有限的时间内完成既定工作任务，并注重氛围营造，调动参会者的积极性。如果出现预料之外的事情，主持人也可以对照议程表进行紧急处理，减少对会议正常进度的干扰。

（6）重视会议记录

无论是什么类型的会议，会议记录都必不可少，负责人应该在记录中列明各项决议的落实者、具体任务以及时间期限，保证会议效果。通常情况下，要在会议结束的三天之内，将会议记录下发到每一个参会者手中，参会者则需按照记录内容落实自己的任务。

（7）做好会后监督

通过会议进行决策制定或提供问题解决方案只是第一步，接下来还要注重会后的执行情况。所以，相关负责人需要对会议决议进行总结，还要通过机制的建设与完善做好会后的监督工作。在这方面，应当委任专门的监督人员，负责对各项决议的执行情况进行监督反馈，并实施合理的奖惩办法。

4.2　核心要点：跨部门高效会议的方法

4.2.1　要点 1：明确议题与议程

明确的议题和清晰完整的议程是高效会议必备的要件。议题是会议的主题，即会议所关注的核心问题；议程是会议的程序，为会议提供流程上的指导。明确的会议议题使会议具备清晰的指向性，完整的议程使会议得以有条不紊地开展，两者对于提高会议效率均具有重要意义。

（1）会前确定会议议题和议程

会议的议题和议程应在会议前的一段时间内确定，给参会人员预留时间以做好充足的准备。会议负责人在确定议题和议程时，有以下几点注意事项：

- 议题需科学合理，并聚焦大家所关心的问题。
- 议题的确定应当参考会议性质，避免议题和会议性质不匹配。
- 议题的数量应适中，特别要避免议题太多，这样会导致会议方向不明确，且每个议题都无法被深入讨论。为了保证会议效果，小型会议最好只设置 1 个议题，大型会议的议题数量可以适当增加，但也尽量不要超过 3 个。

会议议题明确后需据此制定会议议程，同时还要参考会议性质和实际情况。议程要做到清晰简洁，突出重点信息，包括会议召开的时间和地点、参会人员、流程、注意事项等。

议程的设定应以重要性为依据，并参照会议进行的实际情况，确定议题的讨论顺序和每个议题的讨论时间。通常情况下，应先讨论重要程度较高或与会人员较为关心的议题，在这类议题上可以适当地多投入一些时间。对于重要程度或紧迫性较低的议题可以放到后面，如果会议时间不够可以适当削减议题讨论的时间，或者直接留待日后讨论。

对议题作出合理调整，并优化会议议程，可以明确会议的方向，提高会议的效率，确保重点问题及时得到解决，体现出会议的价值，同时也能调动与会人员的积极性和主动性，有助于确保会议达到预期效果。

（2）按照既定议题和议程召开会议

会议的议题和议程是会议的核心和骨架，如果议题和议程不能作为会议召开的依据，那么会议便失去了基础，也就很难取得成功。议题和议程相当于与会人员的行动目标和行动指南，能够引导他们在会议中发挥自己的作用，从而使会议达到既定的目标。因此，会议负责人要确保议题和议程得到重视和有效执行。在会议开始前，会议负责人应将议题和议程通知到与会人员，并向他们强调会议须严格围绕议题、遵照议程进行。

但是，会议中发生的意外情况也可能会打乱会议原有的流程规划。会议负责人要避免被突发情况搞得手足无措，而应沉着应变，在保持会议整体方向不变的前提下，对议程作出调整，尽量降低突发情况对会议的影响，使会议仍然能到达预期的目标。

4.2.2 要点 2：做好时间分配

合理分配会议时间是实现高效会议的重要手段。会议组织者应对会议时间进行合理规划和安排，这可以让与会人员充分地利用自己的时间和精力，有助于会议取得理想的效果。做好时间分配，应该从以下几点入手，如图 4-7 所示。

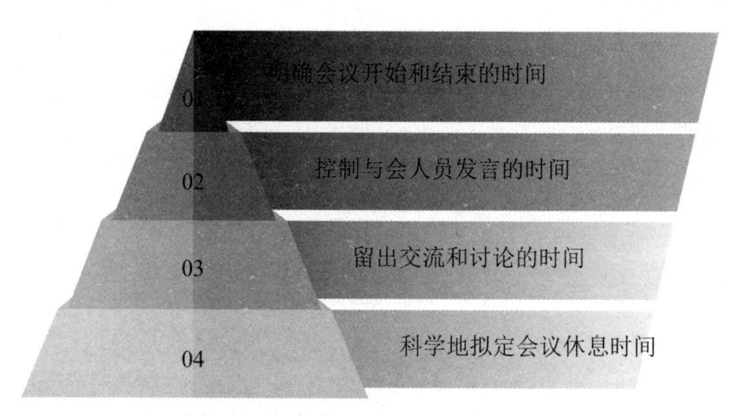

图 4-7　做好会议时间分配的切入点

（1）明确会议开始和结束的时间

会议开始和结束的时间要明确，这样能够为与会人员提供便利，使他们可以按照自身情况做好时间规划。如果会议负责人未告知与会人员明确的会议开始和结束时间，或是确定了会议时间之后不按计划执行，这样会议时间就可能跟与会人员的既定日程安排相冲突，影响其正常工作。而且遇到这种情况时，与会人员很容易产生怨言和不满，进而降低参与会议的积极性，这会对会议效果产生消极作用。

会议开始和结束的时间除了需要明确之外，还要尽可能做到合理。会议要尽量安排在员工状态比较好的时段，一般说来，早上刚上班时和午休结束后，是成员精力较为旺盛、情绪较为积极、思维较为活跃的时段，因此，会议的开始时间可以安排在上午 9 点或下午 2 点。在时长方面，会议的持续时间也不宜过长，否则与会人员的精力和积极性可能会受到很大影响，致使会议效率低下。

（2）控制与会人员发言的时间

由于会议时间是有限的，所以要严格控制每个人发言所用的时间。会议主持人应该在与会人员发言之前明确指出发言时间的具体限制，如每个人的发言时间不能超过多长、集体自由发言要在多长时间内结束等。

另外，在发言临近结束的时候，主持人可以在不打断的前提下提醒与会人员不要超过规定时间，比如说“还剩 30 秒”。如果超出时间后与会人员仍未结束，那么应根据具体情况判断是否需要在适当的时候打断。打断的时机最好选择在一句话已经说完，且表达出了一层完整意思的时候。打断时所用的语句与发言的内容之间最好有衔接性，这样一方面不显得突兀，一方面也是对发言人的尊重。

（3）留出交流和讨论的时间

交流和讨论是一场会议的关键部分，在这个过程中，每个人都可以发表自己的看法和见解，从多个角度认识和理解会议的议题，产生出许多可供参考的建议和方案，这有助于会议形成有效的决议，促进问题的解决。

一般来说，讨论的时间越充足，讨论就会越深入和充分，就越能够取得更好的会议效果。因此，在会议中要为讨论和交流环节留出足够的时间。不过，交流和讨论应自由，不应该受到过多限制，但不能因此偏离会议主题，否则也会降低会议的效率。为了应对这种状况，会议负责人要及时地引导，防止交流和讨论离题太远。

（4）科学地拟定会议休息时间

会议持续进行较长时间后，与会人员的精力和注意力可能会出现幅度较大的衰退，对会议的投入程度也会明显下降，进而在一定程度上影响会议效率。针对这一状况，会议负责人需在会议过程中合理安排休息时间。休息的间隔不能太长，同时每次休息的时间也要相对充足，具体的休息时间可以按照会议的实际情况以及与会人员的实际状态决定，尽可能保证与会人员始终保持精力充沛和注意力集中。

4.2.3 要点 3：内容呈现可视化

会议负责人需要依照议程向与会人员呈现会议内容。内容的呈现方式应基于具体的情况具体选择，但通常情况下，如果只是口头叙述，那么与会人员很容易感到枯燥乏味，失去兴趣和耐心。而且，有些内容具有一定的抽象性和复杂性，单靠口头语言无法很充分地进行传达，可能会对会议效率产生消极影响。

因此，采用可视化的内容呈现方式，是实现高效会议的有效手段。会议负责人可以采用图表、白板、幻灯片、视频等方式将讨论内容传达出来，这样的表现形式直观、具体、生动，不仅能激发与会人员的兴趣，内容也会更易被理解和接受，如图 4-8 所示。

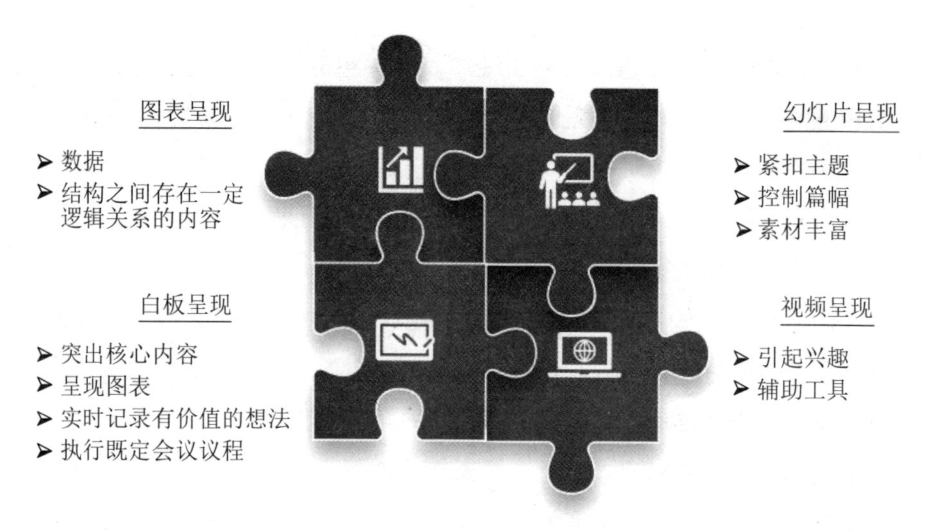

图 4-8　会议可采用的可视化内容呈现方式

（1）图表呈现

图表能够清晰直观地展现内容，是会议内容可视化的手段之一。图表这种呈现方式主要适用于表达以下两种内容要素。

① 数据

相对而言，数据是一种缺乏辨识度和记忆点的信息，理解起来具有一定的难度。而图表可以将数据清晰直观地展现出来，大大降低与会人员的信息理解难度。可以根据内容的不同选择不同类型的图表，比如需要在多个价值主体之间作出比较时采用柱状图，需要表示变化趋势时采用折线图，需要表示各部分所占总体的比例时采用饼状图。

② 结构之间存在一定逻辑关系的内容

这里的逻辑关系包括递进关系、演绎关系、并列关系等。比如，一个任务或事件周而复始的固定流程和序列可以用循环图表示，一个组织中存在的层级关系可以用层次结构图表示，两件事物之间的相互关系可以用关系图表示。

（2）白板呈现

白板的作用主要是随时记录会议过程中需要或产生的重要信息，具体而言，它的作用主要体现在以下 4 个方面。

① 突出核心内容

会议负责人可以将会议议题等重要信息写在白板上，放到醒目的位置，对与会人员起到提醒的作用，使讨论得以始终围绕会议重点内容展开。

② 呈现图表

白板可以是图表的载体，有些比较简单的图表无须电脑制作和打印，直接手写到白板上即可。这样一来，可以随时用图表这种直观的形式呈现相关的信息。

③ 实时记录有价值的想法

在讨论中经常会产生一些比较有价值的想法，将这些想法及时写在白板上能够起到记录和强调的作用，同时这也代表了对想法贡献者的肯定，能够对其他与会人员形成一种正向激励。

④ 执行既定会议议程

会议开始前，会议负责人可以将议程写到白板上，对议程起到强调作用；会议进行中，可以使用白板跟踪和提示会议的进度，并将会议的每一环节所产生出的信息记录在白板的对应位置；会议结束后，参照白板进行会议的总结和回顾，确认会议议程是否得到了准确执行，同时使与会人员对刚刚结束的会议有更深刻的印象。

（3）幻灯片呈现

幻灯片在各种办公场合的使用频率越来越高，它使用起来简单方便，功能也十分强大。在举行会议时，会议负责人也倾向于使用幻灯片呈现会议的内容。要想制作一份成功的幻灯片，会议负责人要善于运用以下技巧。

① 紧扣主题

幻灯片是为会议服务的，应该紧紧围绕会议的议题，同时幻灯片的各部分内容之间应当遵循清晰明确的逻辑，这样的幻灯片能够更有效地向与会人员传达会议的核心内容和重点问题。

② 控制篇幅

如果制作的幻灯片篇幅太长，就无法发挥其简洁精练的优势，而且对于过多信息，与会人员也很难做到完全理解和消化，此外会议的时间是有限的，过长的幻灯片汇报会压缩其他环节的时间。因此，会议负责人要注意控制幻灯片的篇幅，不必追求在幻灯片内事无巨细地传达一切信息，可选择重点和关键信息进行呈现。

③ 素材丰富

如果整页都充斥着文字，那么观看者会感到枯燥和吃力，信息的接收效率不会太高，并且也不是所有的内容都适合使用文字来呈现。因此，幻灯片的素材应当丰富多样，根据内容的性质和表现需要，运用图片、图表、动画等多种呈现形式，这会使与会人员更容易接受，实现更高效的信息传递。

（4）视频呈现

视频是一种综合性的信息传递方式，与文字、图片、音频相比有着更高的丰富性和吸引力，会议负责人可以采用视频这种可视化形式，使与会人员对会议内容产生更多的兴趣。但是相比于文字、图片等，视频在信息传递效率方面并没有什么优势，因此更适合在恰当的时候作为辅助工具发挥作用，例如可以用视频解释某个抽象的概念，或呈现一个具体的事例。

会议内容可视化可以提高信息传递的效率，增加与会人员对信息的兴趣和接受度，提高与会人员的积极性和投入程度，有助于形成更有价值的会议决议，推动会议取得更好的效果。

4.2.4 要点 4：提出明确的主张

作为会议议题的制定者，会议负责人对议题有着很深的了解，并会产生一些关于议题的观点、看法和建议，这些被称为会议主张。会议负责人向与会人员表明自己的会议主张，可以起到表率的作用，表示自己对议题有一定程度的了解，尽到了会议负责人的职责，也能使与会人员更加信服自己。另外，提出会议主张还有一个作用，那就是为会议讨论提供参考和启发，以会议主张作为样例，让与会人员在讨论中充分发表自己的见解。

在会议负责人提出会议主张时，最好能形成会议提案，这样有两个好处。第一个好处是对于会议负责人而言的，制定会议提案时，会议负责人可以对自己的主张进行再一次的思考和梳理，加深对自己主张的理解，如有需要可适当作出调整；第二个好处是对于与会人员而言的，系统有条理的会议提案能够帮助与会人员在更短的时间内理解会议的相关信息，使会议的进行更加顺利高效。

会议提案通常由提案人、案名、案由、提案内容 4 部分组成。

（1）提案人

提案人即撰写提案的人，在姓名之前须写明个人所属单位或部门，如人事部王某。

（2）案名

案名就是提案的标题，要起到说明提案主题的作用，如“关于有效提高工作效率的提案。”

（3）案由

案由是提案的目的和指向，即为什么要发表这样一个提案，这一提案要解决什么样的问题。此外，案由是对提案精神的总结，在会议中发挥指导作用，它必须与提案内容相切合，否则会造成误导，使会议偏离目标。

（4）提案内容

提案的具体内容是提案的主体，通常分为两个方面，案由分析及建议、办法、要求，如表 4-6 所示。

表 4-6 会议提案内容示例

提案人		案名	
提案内容	案由分析		
	建议 / 办法 / 要求		
提案小组负责人（签字）： 年 月 日			

① 案由分析

即为什么要发表这个提案，这个提案针对的是什么样的问题。案由分析是提案的核心部分，在撰写这一部分内容时，应当做到实事求是，如实明确地展现相关信息。

② 建议、办法或要求

对于案由中体现的问题发表看法，提出主张。主张应详细具体，有较强的针对性和可行性。

以会议提案形式提出的会议主张，可以使与会人员对会议的议题有更深的理解，有利于打开会议讨论的大门。需要指出的是，会议提案只是会议负责人的一种看法，并不是颠扑不破的真理。在会议讨论的过程中，会议提案可能会遭到质疑和反对，甚至有可能被推翻。对此，会议负责人要抱有坦然的心态，如果自己的主张被推翻，说明与会人员真正投入到了会议当中来。

4.2.5 要点 5：有效推进会议

在会议中进行有效对话，是实现高效会议的重要途径。会议中的对话要讲究技巧，能够对会议进程起到推动作用。在有效对话的帮助下，会议将形成有价值的、对问题解决有帮助的决议。反过来说，无效对话会令会议的效果大打折扣。无效对话主要有这两种情况：

- 第一种情况是与会人员积极性不高，发言和对话比较少。这可能是因为他们不适应这样的场合，也可能是因为对会议的议题兴趣不高。参与度不足就无法形成有效讨论，会议就很难达到预期的效果。
- 第二种情况是与会人员对话时间太长，却没有产生足够有用的信息。在这种情况下，与会人员的参与度很高，每个人都非常积极地发表自己的看法，但他们大多数时候只是在进行无谓的争论，占用大量会议时间的同时产出却极其有限。

以上两种情况是有效推进会议的阻碍因素，会议负责人在会议开始前应做好准备加以预防。如果这两种情况在会议中出现，那么要及时采取措施做出应对，保证会议的议程不受影响。针对两种不同的情况，可以采取的对策如图 4-9 所示。

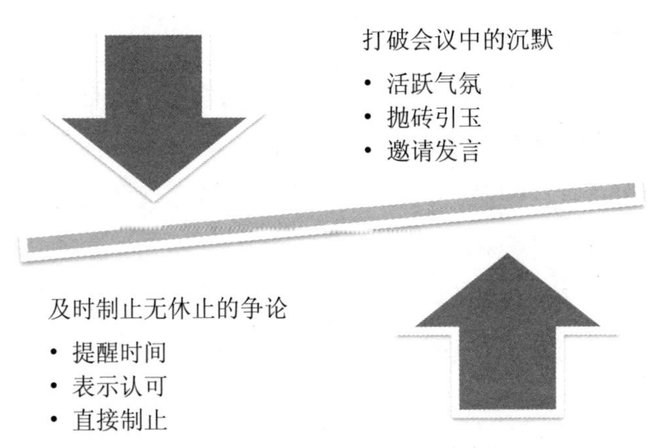

图 4-9　有效推进会议的对策

（1）打破会议中的沉默

会议中要避免沉默局面的出现，否则会议将进入僵局，处于停滞状态，这会使会议的进程和效果受到影响。因此，会议负责人要在适当的时候采取有效手段打破会议上的沉默。

① 活跃气氛

有的时候，与会人员会觉得参加会议是一项枯燥的工作，因而缺乏热情和兴趣，自然也不想主动发言。这时，会议负责人要想办法让会议的气氛变得轻松活跃，调动起与会人员的积极性。可以在会议中加入一些娱乐或趣味元素，比如开场采用播放视频或表演情景剧的方式。

② 抛砖引玉

会议负责人是会议议题的制定者，对议题有一定程度的了解，因此可以先发表一些个人看法，以此引导与会人员参与讨论。需要注意的是，会议负责人给出的个人意见和解决方案最好能留给与会人员足够的讨论空间，能够激发其讨论的欲望，因此不必太过完善。

③ 邀请发言

如果上面两种方法都没有奏效，沉默的局面依旧存在，那么可以采用最为简单直接的方式来打破沉默，即由会议负责人主动邀请与会人员发言。

打破沉默的方式不止上述三种，会议负责人要根据实际情况选择合适的方式改变沉默的局面，保证会议的正常进行。

（2）及时制止无休止的争论

在与会人员数量较多的情况下，不同人难免会对同一个问题产生不同的看法。因此，会议中经常会出现与会人员无休止争论的场面，每个人都想说服别人，让别人认同自己的观点，同时却又不肯轻易接受别人的观点，这样造成的结果很有可能就是各执一词，莫衷一是。这种无休止的争论不仅不能做到通过集思广益来促进问题的解决，同时又会占去许多宝贵的会议时间。所以，如果会议负责人发现会议有向无休止争论发展的趋势，应及时采取行动加以制止。

不过，与会人员的争论本质上是一种积极参与并重视会议的表现，因此在制止争论时，会议负责人应当使用恰当的方法，否则可能会矫枉过正，打击与会人员的积极性和自信心。制止无休止争论的方式主要有以下三种。

① 提醒时间

会议的流程是事先确定的，每个环节都有特定的时间限制。在会议开始前，会议负责人要针对此问题向与会人员作出强调，并在会议中再次发出提醒，以免与会人员沉浸于讨论而忘记了时间限制。比如，在讨论时间还剩几分钟的时候提醒与会人员及时收尾，不要超出时间的限制。

② 表示认可

当无休止的争论出现时，会议负责人可以带着肯定和赞赏的态度引导与会人员结束争论。比如可以这样说："大家讨论的热情很高涨，所提出的看法也很有参考意义，这很好，下面我们不妨做一番总结。"

③ 直接制止

如果与会人员的争论非常激烈、情绪非常激动，甚至整个场面有失控的趋势，那么会议负责人要当机立断，马上制止争论，比如说"我想讨论到这里已经差不多了，我们还有其他的流程"。

对话是会议的核心要素，对话的有效性很大程度上决定着会议的效果和价值。会议负责人需将推动有效对话视为自己的一项重要职责，根据实际情况采取相应措施，与会人员也需具备有效对话的意识，积极参与到讨论当中来，同时避免陷入无休止的争论。

4.2.6　要点 6：回顾会议目标

德国心理学家赫尔曼·艾宾浩斯（Hermann Ebbinghaus）研究发现，遗忘的过程不是平缓而均匀的，而是由快变慢，由此提出了艾宾浩斯遗忘曲线。如图 4-10 所示，在学习结束 20 分钟后已经遗忘了 42% 的内容，1 小时后遗忘内容的比例达到了 56%，再之后遗忘的速度就会明显减缓。

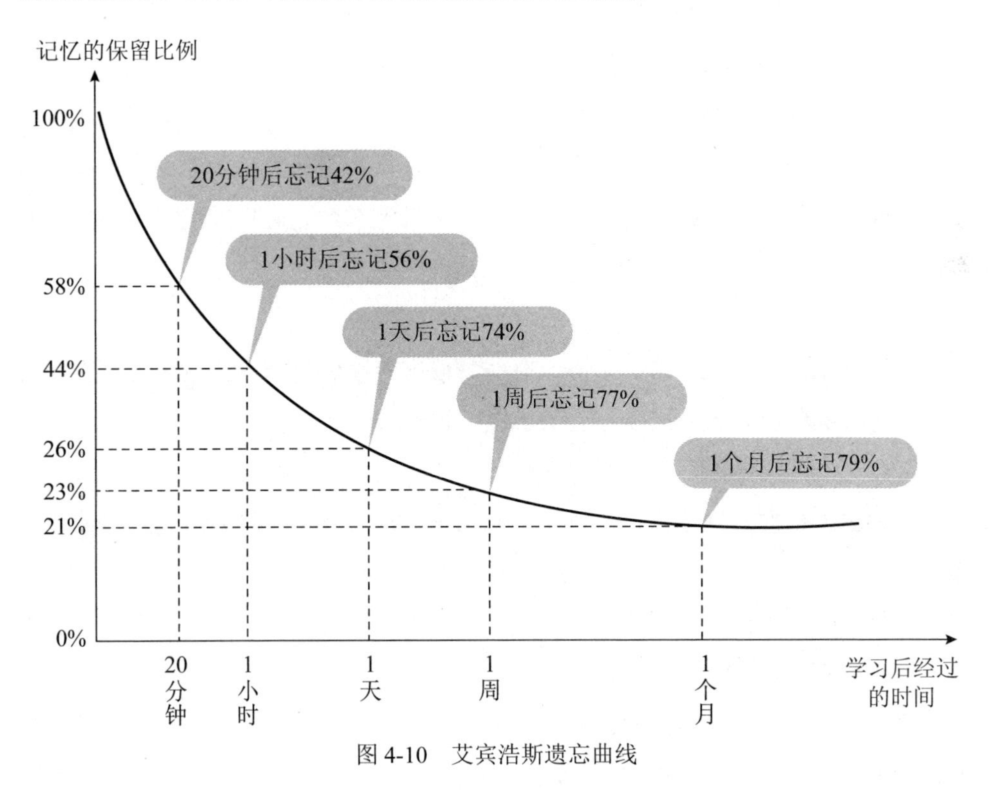

图 4-10　艾宾浩斯遗忘曲线

以艾宾浩斯遗忘曲线为参照，在持续时间为 1 小时的会议结尾，与会人员已经遗忘了 56% 的内容，可能已经不记得在会议开始时提出的会议目标。在忘记会议目标的情况，想要形成有效决议就是一件很困难的事。因此，考虑到与会人员对会议内容的记忆状况，在产生决议之前要增加重温会议目标及主题的环节，为决议的形成提供良好的基础。

由于会议目标体现了会议期望达到的效果，在整个会议过程中，除了需要在会议开始时明确具体地公示会议目标、在会议进行中时刻点明会议目标外，也需要在决议产生前再次回顾会议目标。

（1）明确具体地公示会议目标

会议开始时，需要将会议目标告知与会人员。此外，还需要借助白板和幻灯片等把目标写下来，并放到显眼的位置，这样在会议进行的过程中与会人员随时能看到目标，避免遗忘，这有助于讨论始终围绕目标进行。

还有一点需要注意，为了加深与会人员的印象，会议目标的描述务必要明确，不能笼统含混，避免使用“大致”“基本”等不确定的词语。

（2）会议中时刻点明会议目标

将会议目标进行公示不能百分百保证与会人员能记住目标，虽然目标放在了醒目的位置，但会议议程通常包含多个环节，如果与会人员的投入程度很高，那么也可能注意不到会议目标。这就需要会议负责人在会议进行的过程中向与会人员发出提醒，提醒时要选择适当和必要的时机。

① 会议进入讨论环节时

由于讨论的形式比较自由发散，有些时候很容易偏离目标，这时会议负责人就应当对目标作出强调，提醒与会人员围绕目标进行讨论。

② 会议中遇到问题时

会议中出现的问题使会议的进行遇到困难，这时会议负责人可通过强调会议目标为会议提供一个明确的方向，保证会议的流程不受影响。

当然，会议中可能还有其他需点明会议目标的时刻，应依据实际情况而定。

（3）决议产生前再次回顾会议目标

决议一般在会议结尾产生，此时会议已经持续了较长的时间，与会人员对会议目标的记忆可能有些模糊，也可能忽略其他一些重要的信息，这会对决议的形成产生一定的影响。针对此问题，会议负责人应引导与会人员对会议目标展开回顾，为决议的形成做好准备。

回顾会议目标时应把重点放在核心内容上，使与会人员能够在短时间内有效把握会议目标。与会人员围绕会议目标整理和表达自己的观点，之后把这些观点汇总起来，参照会议目标形成会议决议。

第5章

跨部门冲突管理

5.1 跨部门冲突的原因及管理策略

5.1.1 正确认识企业内部冲突

冲突是一系列抵触、争执、攻击行为的总称，主要产生在组织内部成员之间、部门与部门之间以及个人与组织之间，产生原因主要是工作方式、利益、文化背景、价值取向、性格等方面的差异。虽然从不同的视角可以获得对冲突的不同定义，但仍有一些共同的认知。

（1）对冲突的三种认识

总体来看，对于冲突的认识有三种主流观点，如图 5-1 所示。

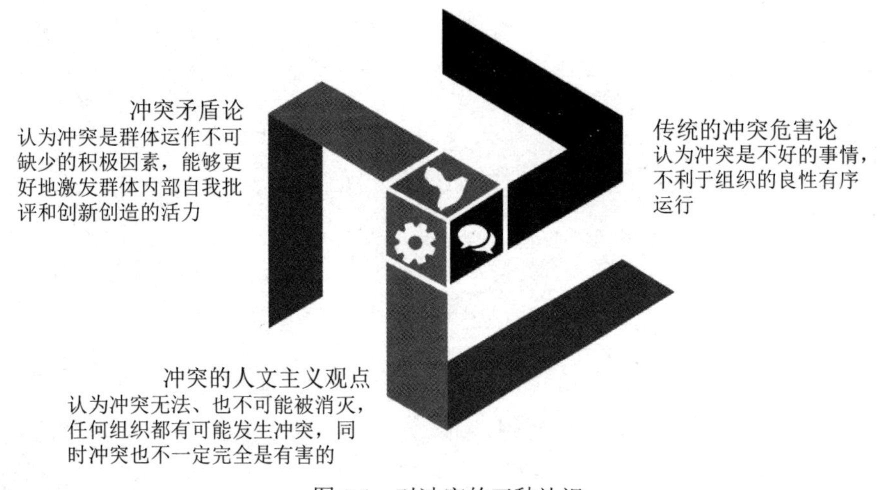

图 5-1 对冲突的三种认识

① 传统的冲突危害论

该观点认为冲突是不好的事情，不利于组织的良性有序运行，因此要杜绝和制止冲突的出现。一旦组织出现冲突就代表着组织内部机能失调，而组织内部机能失调又会诱发更多破坏性的冲突，同时这些冲突又会给组织带来很多消极影响。所以，要尽量避免冲突发生。

② 冲突的人文主义观点

该观点认为冲突无法、也不可能被消灭，任何组织都有可能发生冲突，同时冲突也不一定完全是有害的，相反，合理的冲突常常有助于群体绩效的优化提升。有些冲突对组织发展有益，组织要坦然接受。简单来说，该观点认为在一个组织中，冲突是必然存在的，冲突的发生也是合理的。

③ 冲突矛盾论

这种观点认为冲突是群体运作不可缺少的积极因素，能够更好地激发群体内部自我批评和创新创造的活力，而和谐、安宁、协作的群体氛围常常容易导致组织和成员不愿进行变革创新。因此，领导要正确看待冲突，甚至刻意制造有限度的冲突，以便员工始终保持激情、活力和创新创造精神。冲突矛盾论观点就是相互作用观点，该观点与人文主义观点的不同之处在于，该观点倡导管理者要对有益的冲突进行鼓励，而不是被动地接受。

（2）冲突的三种表现形式

企业内部冲突主要表现为三种形式，即角色冲突、权利冲突与目标冲突，如图 5-2 所示。

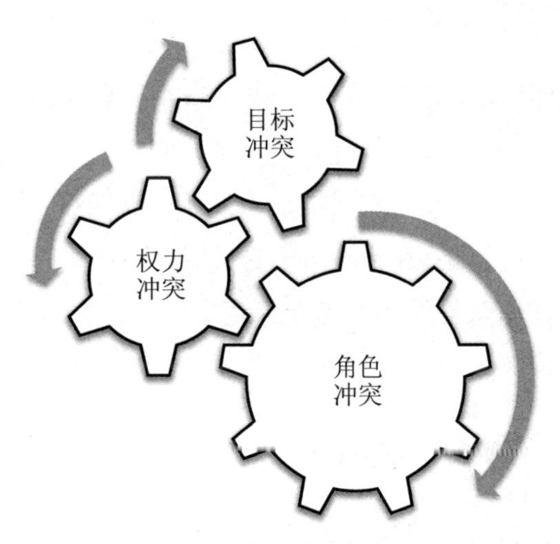

图 5-2 冲突的三大类型

① 角色冲突

角色冲突产生的原因是正式组织与非正式组织间的成员相互交织，使得非正式组织对正式组织的活动产生影响。角色冲突可以产生一些正面影响，包括满足员工自我表现、社交等方面的需求，让组织成员之间的关系更加密切，进而增强组织成员之间的合作意识，促进组织的正常运转。

当然角色冲突也会产生一些负面影响，如果正式组织与非正式组织之间发生角色冲突，正式组织的正常工作就会受到不良影响，尤其是在强调竞争的情况下，非正式组织会认为正是因为竞争的存在才导致成员关系恶化，因此会抵制竞争。正式组织对成员行动有较为严格的要求，在这种情况下，成员的个人才华被抑制，发展受到束缚，进而使组织的工作绩效受到不良影响。

② 权力冲突

在组织管理中，管理者有两种身份，一是直线领导，二是智囊参谋。在管理实践中，如果这两类管理者发生矛盾，就会直接导致组织效率下降。

直线领导关系是简单的指挥、命令关系，管理者具有决策权与行动指挥权；智囊参谋关系则是服务与协调关系，管理者具有思考权、筹划权和建议权。在组织管理的过程中，统一命令会使智囊参谋作用的发挥受到不良影响，智囊参谋作用得不到有效发挥又会使统一指挥原则遭到破坏，最终导致双方相互指责、相互推诿。

③ 目标冲突

组织活动要借团队这种基本形式开展，因此，在汇聚各种信息、增进人员交流、协调部门关系方面，团队发挥着非常重要的作用。在一个团队中，每个成员都有发言权，这些成员不仅有自己的行为目标，也是各自部门或集团利益的代表者。如果一个组织的资源有限，各方利益目标又无法达成一致，团队成员就会发生矛盾与冲突，使团队的统一行动受到直接影响，组织的管理效率也会大幅下降。

5.1.2 导致跨部门冲突的原因

很多管理者都害怕面对冲突，在冲突面前无计可施。这是因为很多冲突都不是由单一因素造成的，而是多种因素共同作用的结果，比如情绪反应、认知差距、需求错位等，如图 5-3 所示。需求错位造成的是利益冲突，采取一定的方法能使其得以妥善解决；而情绪反应与认知差距所造成的冲突更难获得妥善的解决方法，容易导致冲突升级、恶化。

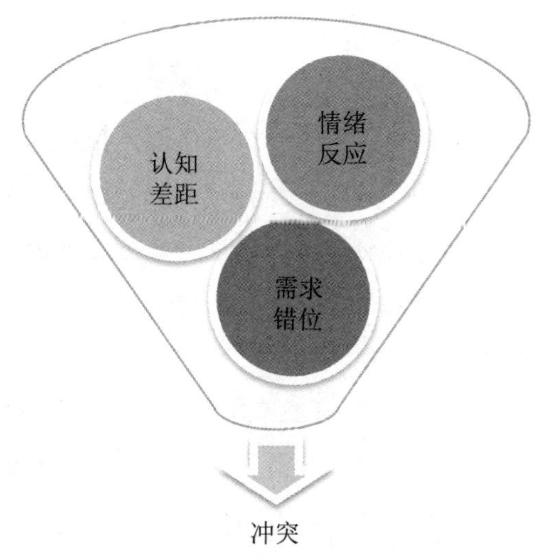

图 5-3　导致跨部门冲突的原因

（1）情绪反应

对企业中的冲突进行分析可以发现，很多冲突都是由小问题诱发的。但很多时候，正是这些小问题得不到妥善解决，才诱发了部门矛盾。这种结果产生的主要原因是：人都是感性动物，在问题解决的过程中难免掺杂情绪，不能理智地看待问题、分析问题，使小问题不能得以妥善解决，最终升级为大冲突。

实际上，很多部门管理者在与下属沟通时都会带有训斥、指责等倾向，比如"你怎么这么没有大局观？""你怎么总是拖后腿"……面对这样的斥责，很多下属都敢怒不敢言。但是如果在跨部门沟通的过程中，部门管理者依然用这样的语气和语言对待其他部门的同事，就会激发对方的抵抗情绪，诱发冲突。

（2）认知差距

在诱发冲突的众多原因中，认知差距是一个非常重要的原因。认知差距会导致观点分歧，进而诱发冲突。其具体原因非常复杂，比如价值观分歧、信息不对称、由知识或经验差距引发的无法彼此理解等。再加上认知差距的隐蔽性，人们面对认知差距往往难以辨识，使得由认知差距引发的冲突往往难以得到妥善解决。

（3）需求错位

之所以用"需求错位"而不用"利益冲突"进行描述的根本原因在于，需求错位更能切中跨部门冲突的本质。

每年的9月份是封闭车的销售旺季，为了保证产品销量，新产品最好在7月份发布，并做好准备工作。但是由于封闭车研发的技术门槛较高，研发资源有限，新产品的量产测试直到8月份都没有完成。面对这种情况，市场部的需求是新产品尽快上市，以获取竞争优势，保证产品销量；研发部的需求是保证产品质量，防止出现安全隐患。

市场部与研发部之间并不存在利益冲突，其问题只是需求错位而已。面对该问题，相关人员可以从公司的整体利益出发再做决定，是更谨慎地进行多轮测验，还是尽快上市。如果因此影响了个人的绩效考核，就要对绩效考核机制进行调整，或者从其他方面对该问题予以解决。

事实上，在各种冲突中，与需求错位相似的冲突还有很多，比如项目进度冲突、人力资源冲突、项目优先权冲突、技术冲突、管理程序冲突、项目成员个性冲突、成本费用冲突等。甚至，有的时候因权责不明也会造成冲突。

5.1.3 建设性冲突的管理策略

冲突与绩效之间的关系非常密切。管理者要想提升绩效，就必须对组织中的冲突进行有效掌控。组织的管理者要适当地控制和利用冲突，虽然组织中的冲突不可避免，也不能完全化解，但管理者可以将冲突控制在一定的水平内，用冲突来推动组织变革，使组织受益，并通过冲突处理提升组织的管理绩效。

要做到这一点，管理者就必须对冲突的性质有充分认识。建设性的冲突能让组织存在的各种问题暴露出来，通过对冲突进行处理控制事态发展，防止事态朝着不好的方向演变；同时，建设性的冲突还能促进组织内部交流，探索并消除组织自身的弱点，推动组织管理水平迈进一个新阶段，让组织内部开展良性竞争。

（1）建设性冲突

建设性冲突又称“功能正常性冲突”，指对组织运作有正向价值的冲突，这类冲突有助于激发成员激情和活力，提高群体绩效，帮助组织高效、有效地实现目标。对于此类冲突，企业管理者不仅不能去消灭，甚至在必要的情况下（如过于安稳、缺失活力的组织中）还要有意去制造一些这类冲突，以利用建设性冲突更好地激发群体内部活力、提高组织绩效。

通用电气前 CEO 杰克 · 韦尔奇认为，建设性冲突能够使双方在互动过程中产生新的想法，促进部门活力的提升。因此，在通电气任职期间，韦尔奇会和成员进行辩论交流，鼓励员工互动，通过沟通交流，发现企业管理现存的问题，进而优化现有管理模式。

建设性冲突能推动持有不同观点的员工展开激烈的讨论，在观点碰撞的过程中达成共识。整个过程能够有效提升参与讨论者的整体水平。对于建设性冲突来说，冲突产生的根源是解决问题，为了实现这个目标，冲突双方能正视对方的观点，接受其中有益的部分对自己的观点进行完善。在观点交互的过程中，冲突双方的认知水平能不断提升，最终能得出一个双方认可的、有效的解决方案。

很多公司在制定决策时，会举行高层或中层会议，鼓励参与者表达自己的意见与想法。他们的想法不会完全一致，而不同想法间可以进行互动交流，并在领导者的协调下达成一致，最终得出最利于公司发展的决策。

（2）有效激发组织的建设性冲突

为了促进团队发展，团队的管理人员需要激发团队内部的建设性冲突，借助冲突实现思想和观点的碰撞。从实际操作上来看，团队的管理人员需要反思自身的管理风格，若自身的管理风格过于严厉、强硬、独断，那么团队成员难以在集体讨论时积极表达自身观点，就会对团队工作存在怠惰心理等。因此团队的管理人员需要根据团队的实际情况对管理风格进行优化调整，除此之外，团队的管理人员还需灵活运用各种诱发建设性冲突的技巧和手段，如图 5-4 所示。

① 奖励合理化建议

团队的管理人员需要建立内部意见征集通道，鼓励团队成员为团队建设提供想法和建议，并将提出独到见解、具有创新精神和挑战精神的团队成员作为整个团队的榜样，给予口头表扬、物质奖励或升职激励等。与此同时，也要加强与团队成员的沟通，即便是在冲突时提出少数异议的团队成员，也要进一步给予理解，并通过沟通的方式帮助其明确所讨论问题的各项利害关系，避免出现批评、指责等易造成负面情绪的处理方式。

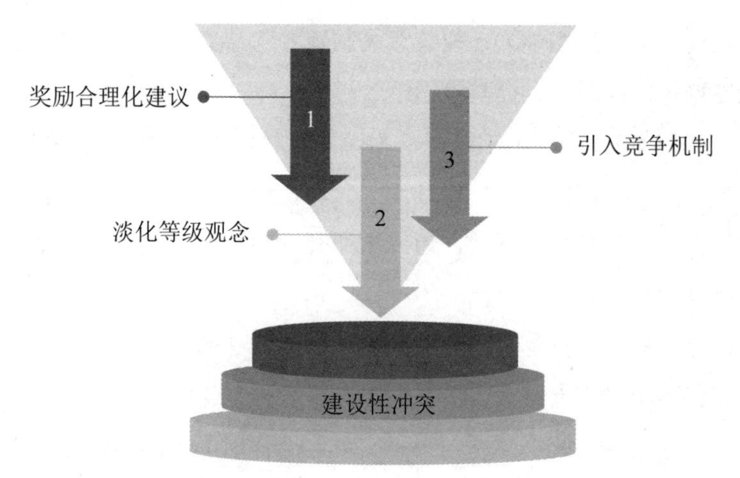

图 5-4　诱发建设性冲突的技巧和手段

除此之外，团队的管理人员有时可能还需要为冲突双方提供一些必要信息，以便为双方之间的思想交流和观点碰撞提供支持，进一步激发双方的建设性冲突。

② 淡化等级观念

团队的管理人员需要弱化等级制度对团队内部人员的影响，打造平等和谐的工作氛围，给予下级挑战上级的勇气，鼓励各个团队成员积极表达自己的观点和意见，并重视所有团队成员的想法，对各种想法进行分析，挖掘团队成员观点中蕴藏的价值。

③ 引入竞争机制

团队的管理人员需要建立内部竞争制度，利用鲶鱼效应来激发员工的工作积极性，改善沉闷的团队工作氛围，通过内部挖掘、内部培养、外部招聘等方式来获得具有激发建设性冲突潜力的团队成员，从而进一步收获多样化的观点和意见。

团队的管理人员需要建立明确的奖惩制度，帮助团队成员明确岗位职责，在团队中确立“多劳动多受益，不劳动不得食”的观念，激励团队成员积极采取不同的方式方法提高业绩。在倡导多元价值和文化的商业时代，管理者们不同的经验经历、文化背景、价值理念、思维方式等决定了他们对同一问题往往有着不同的解读视角和对待方式，并可以通过相互间的沟通交互，激发、碰撞、寻找出最佳的问题解决方案。

因此，对企业管理者而言，要深刻明白冲突是不可避免的，也不全是破坏性的，甚至有些冲突是促进企业中不同文化价值融合共存的催化剂，对企业的高效、良性、长远发展具有重要价值。管理者要做的是根据具体情况精准判断冲突类型，积极利用建设性冲突，有效避免和控制破坏性冲突，以保障组织整体的健康、高效运行。

5.1.4　破坏性冲突的管理策略

破坏性冲突又称“功能失调性冲突”，指不利于组织正常有序运作、对组织发展产生负面价值的冲突。破坏性冲突会破坏部门团结，使得组织目标越来越难实现，组织管理越来越困难，最终导致组织工作效率不断降低。对于这类冲突，管理者要敏锐、及时地发现，最大可能地做到防患于未然；当这类冲突发生时，则要及时采取多种手段努力将其破坏性降到最低。

在日常工作中，员工之间不可避免地会出现各种各样的矛盾和冲突。同时，由于部门职权重叠，或者某项任务的归属不明确，也会导致部门间的推诿扯皮，从而产生冲突。那么，当办公室场景的冲突产生破坏性影响，引起群体负面情绪，妨碍组织正常运行时，企业、管理者乃至当事人又该如何去化解呢？

下面这种办公室的冲突场景对很多人来说并不陌生。

公司的两位高级主管都属于强势性格，两人资历相当，每次都各不相让，甚至直接在办公室当着众多同事的面相互吵闹。两人的矛盾导致其所带领的小组也常常针锋相对、矛盾重重，从而使一些需要两个团队协作完成的工作受到影响。

上面的冲突是具有破坏性的，当事人冷静下来后可能会觉得没有必要，然而，它们却在实际工作中比较常见，而且一旦爆发，就会对企业以后工作的开展和部门合作造成极大影响。因此，当出现问题和冲突时，组织成员特别是管理者要保持理性和克制，避免将冲突演变为激烈的争吵行为，并通过“暂停”“思考”和“行动”三步有效处理各类破坏性冲突，如图 5-5 所示。

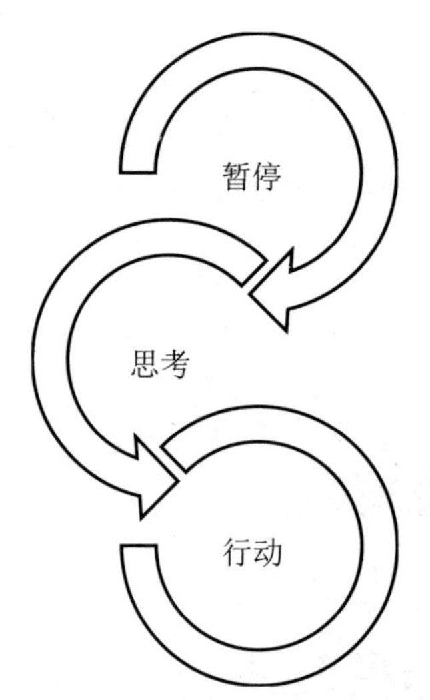

图 5-5　破坏性冲突的处理步骤

（1）暂停

当出现冲突时，当事人应先冷静下来，不要急于做出激烈反应，而是学会倾听自己和他人，并通过自我提问的方式引发自己去思考：发生了什么问题？我的感受如何，其他人的感觉又会是怎样？我希望产生什么样的结果？哪些因素阻碍了该结果的出现？

（2）思考

思考可以帮助管理者准确判断冲突类型，分析冲突产生的深层原因，找到最佳解决方案。比如，管理者可以借助头脑风暴法，将冲突的相关各方聚集起来，让他们各自表达自己的立场、感受和想法，进行开诚布公的沟通交流，从而让冲突各方相互理解彼此的难处，并协商解决问题。

（3）行动

制定出各方认同的冲突解决方案后，接下来管理者就要推动方案强力执行，如此才能真正解决问题，不断增强管理者处理冲突的能力。

总之，因认知不一致、利益分配不均、组织资源分配不合理等因素产生的破坏性冲突，会对组织产生较大的破坏，使组织资源严重浪费。对于组织来说，破坏性冲突是非常严重的内耗，会给组织的管理绩效带来不良影响。因此，管理者要学会甄别建设性冲突与破坏性冲突，要善于利用建设性冲突，化解破坏性冲突，以防出现严重的不良后果。

5.1.5　跨部门冲突管理的 5 个步骤

跨部门冲突管理的过程大致可分为以下 5 个步骤，如图 5-6 所示。

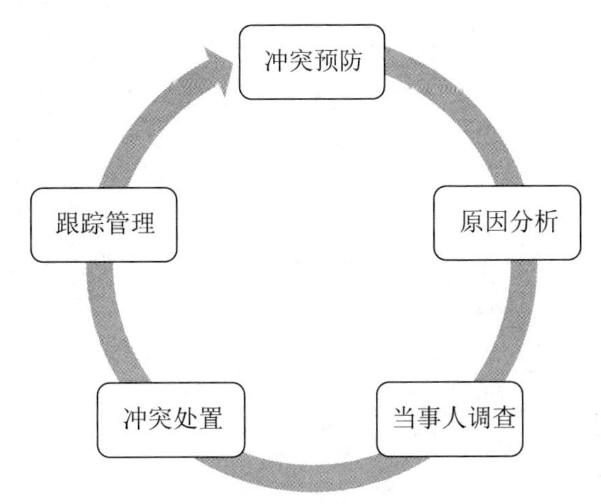

图 5-6　跨部门冲突管理的 5 个步骤

（1）冲突预防

企业应明确冲突最小化的核心思想，制定切实可行的冲突管理规范守则，并在该守则中指明激烈冲突的危害，告知员工出现激烈冲突时的处置方法，以便在员工层面避免出现激烈冲突。同时，也要打造良好的工作氛围，提高员工之间的信任感和尊重程度，让员工能够进一步加强情绪控制，防止出现由情感因素造成的冲突。

除此之外，企业还需要加大对员工的关注度，以便及时发现员工关系中的异常并进行处理，防止出现因员工关系进一步恶化造成的冲突，进而达到冲突预防的效果。

（2）原因分析

在实际管理的过程中，很多冲突都是因沟通不善、相互误解引发的，面对这种冲突，管理者要深入解析冲突发生的原因，增强团队成员对该原因的认识，让冲突消弭于无形。如果冲突双方认识到正是由于表达习惯不同、沟通不畅才诱发了冲突，就会想方设法改变各自的沟通习惯，实现有效沟通。

当然，组织中也存在个性差异诱发的冲突，比如保守型员工与冒进型员工之间的冲突，风险厌恶型员工与风险偏好型员工之间的冲突等。解决这类冲突最好的方式依然是有效沟通，共同寻找一个折中的解决方案，令双方满意。

以采购人员与技术开发人员之间的冲突为例，企业需要解决二者所属部门之间的矛盾，如定价权归属方面的矛盾。当企业将定价权交给技术部门时，可能会出现定价过低的问题，导致采购部门难以找到可以接受该定价的供应商；当企业将定价权交给采购部门时，可能会出现定价过高的问题，进而导致产品成本超出原本的预算标准。

因此，为了有效解决采购人员和技术开发人员之间的结构性冲突，企业需要将定价权交给第三部门，并确保该部门在定价方面处于中立位置。

（3）当事人调查

面对冲突，管理者需要对当事人进行深入调查，明确都有哪些人与冲突有关、冲突的利益点、冲突双方的价值取向与人格特点、相关资源分配情况等。管理者只有明确这些问题的答案，充分考虑双方的利益，公平、公正地解决冲突，才能有效化解冲突。

（4）冲突处置

在冲突处置过程中，企业需要了解冲突方的性格特征和承受能力，掌握冲突处理策略，并据此来对双方之间的关系进行优化，帮助冲突方加深对对方的了解，提高二者之间的信任度。

从具体的冲突处置方式上来看，企业可以通过沟通的方式来缓解或解决冲突，但在沟通的过程中需要加强对情绪的管控。具体来说，如果冲突是由个别员工引起的，那么企业需要采取相应的措施对这类员工进行处置；如果发生冲突的根本原因是领导者方面的问题，那么企业可以通过引进外部人员等方式来改变当前的领导风格，从整体出发对各个方面进行重塑。

总而言之，企业在冲突处置环节应进一步增强自身的辩证思维，从不同的角度来看待问题，提高问题分析的全面性。

（5）跟踪管理

企业需要跟踪管理冲突处置措施的实施后续，衡量自身所采取措施的有效性和合理性，并从中总结经验教训，进一步探索冲突管理措施的优化方法，以便在下次的冲突管理工作中获得更好的处理效果。

5.1.6　领导者如何提升冲突管理能力？

对领导者而言，冲突管理能力是一项非常重要的能力，对企业运营具有重要价值。如图 5-7 所示为提升冲突管理能力的主要措施。

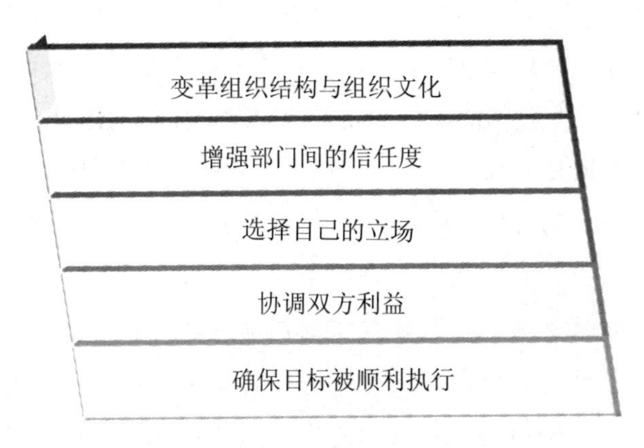

图 5-7　提升冲突管理能力的主要措施

（1）变革组织结构与组织文化

组织结构与组织文化中存在的问题都能通过冲突反映出来，通过变革，管理者能有效地化解冲突。

① 改变组织结构

有些冲突通常是由不合理的组织结构引发的。为了化解这类冲突，管理者可以推行组织结构变革，改变原有的权力结构体系，重新组建工作团队，让工作流程规范化，保证组织内部沟通的顺畅性，增强部门间的依赖性。

② 重塑组织文化

很多冲突都是由组织文化引发的，为了妥善地解决这类冲突，管理者可以改变组织文化。比如，如果管理者要建立自我管理的团队，就要淡化自己的权力意识，弱化层级观念，否则就会在上下级间引发冲突。在解决冲突的过程中，个人要对他人的利益予以充分尊重。在这种情况下，逐步改进组织规范与价值观就是解决冲突最好的方式。

认识冲突、解决冲突是为了提升组织的管理绩效，所以，处理、解决冲突要立足于组织的共同利益，从改善组织成员间的关系出发，秉持公平、公正的心态，以理智的方式化解冲突。管理者要通过解决冲突来增强组织的凝聚力与战斗力，提升管理绩效，让组织永葆活力。

（2）增强部门间的信任度

当不同部门或其负责人之间产生矛盾时，管理者需作为调解人，从中协调。有因才有果，部门冲突的发生也是如此。当不同部门在合作过程中缺乏足够信任，就容易产生冲突。在这种情况下，管理者应该进行适当的干预，对双方的关系进行协调，增强彼此之间的信任，完善企业的文化环境建设，在加速整体运转的同时，鼓励员工相互交流，进行信息共享，增强团队凝聚力，与此同时，管理者也应该注重对员工意见的采纳。

以采购部与销售部为例，采购部在制定进货决策时，应该与销售部门进行沟通，根据他们的销售经验以及对市场行情的掌握情况来把握消费者对产品的需求，双方之间通过沟通实现合作，避免信息流通不畅，从而促进企业业绩的提升。

（3）选择自己的立场

管理者要根据不同的冲突情况选择自己的立场，用正确的方式方法化解冲突。如果冲突不可避免，管理者可以采取无视、回避的态度，暂时置身事外，待冲突双方冷静下来之后再采取合适的方法予以处理。

如果冲突涉及的核心问题不是非常重要，或者管理者需要为以后的工作奠定信任基础，管理者也可以采取迁就措施。也就是放弃甲方的利益来满足乙方的利益，以此来化解冲突。面对某些冲突，管理者还需要使用一些强制手段予以化解，比如用行政手段或权力迫使冲突双方各让一步来满足组织需要。也就是说，面对重大冲突事件，管理者要善于利用手中的权力迅速做出决断，无论这种解决冲突的方法是否能获得他人的认同，其效果往往能令人满意。

一般情况下，冲突的解决要建立在双方充分沟通的基础之上，因此，管理者在解决冲突时要秉持明确的目的。在解决冲突常用的各种策略中，妥协与合作十分重要。妥协就是双方各让一步，不过这是一种权宜之计，无法彻底解决冲突；

合作就是通过沟通和分析，探讨出一个能令双方满意的方案，实现双赢，这是解决冲突最好、最理智、最科学的方法。

（4）协调双方利益

管理者作为调解人，需要同时考虑各方利益，并保证解决方案在双方的接受范围之内。在进行冲突管理时，企业管理者需要在中间进行周旋，而只有当双方觉得自己被公平对待时，才有可能答应和解条件。

具体的做法是，对各方的意见进行集中分析与处理，寻找其中的共同点，促使各方都做出适当的妥协，使各方都能从中获益，并都有所让步。总之，管理者在进行冲突管理时，应兼顾各个部门的利益，进行公正处理。

（5）确保目标被顺利执行

在企业运营过程中，如果各个部门相互推卸责任，就容易产生冲突。

比如企业推行使用会员卡，最常见的方式是销售部门的员工向消费者发放会员卡，后勤部门与行政部门也可以通过张贴海报或者社区推广向目标用户推荐。也就是说，这三个部门都应该负责具体执行，然而，在具体落实过程时，常有部门将责任推给其他人，各方都不愿承担，最终导致工作目标无法达成。

为了解决上述问题，管理者需确立同时面向各个部门的任务目标，提高团队整体的凝聚力，使他们明白，只有各方合作，相互配合，才能完成任务。另外，如果企业在发展过程中遇到紧急问题需在短时间内进行处理，或需实施特殊战略时，管理者应该采取强硬态度，确保其执行。面对类似情形时，管理者应对责任部门提出要求，使其与另一方达成和解，以保证企业的整体利益不受损害。

5.2　跨部门冲突管理模型与工具

5.2.1　杜布林冲突系统分析模型

美国行为学家杜布林（Deublin）主张以系统化的方式来对冲突进行观察和分析，并提出了“冲突系统分析模型”。该模型是一种行为学模型，主要包含输入、干涉变量和输出三项要素，具体来说，杜布林冲突系统分析模型如图 5-8 所示。

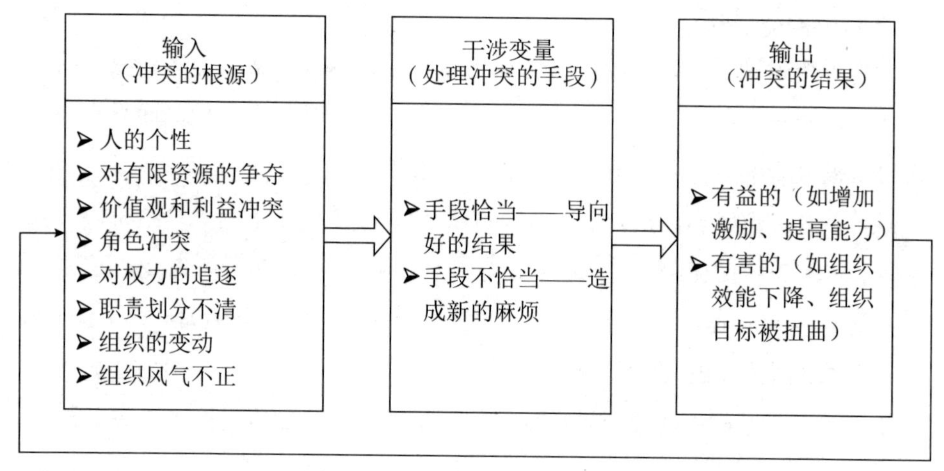

图 5-8　杜布林冲突系统分析模型

杜布林冲突系统分析模型中的三项要素分别具有不同的含义：

- 输入指的是冲突的根源。
- 干涉变量指的是处理冲突的手段，若手段恰当，那么将会产生较好的结果；若手段不恰当，那么可能会造成新的麻烦。
- 输出指的是冲突的结果。

杜布林冲突系统分析模型的输入主要涉及以下八项内容：

① 人的个性

群体或组织通常由个性迥异的成员组成，各个成员往往具有不同的行事方式和处事方法，在共事过程中，个性差异较大的成员之间可能会出现许多分歧和冲突，导致难以顺利开展合作。

② 对有限资源的争夺

在资源有限的情况下，组织中的各个部门会争夺额外的预算分配和人力资源，当出现资源稀缺或组织发展滞缓等情况时，资源争夺问题也将变得更为严重。

③ 价值观和利益冲突

个人价值观和群体价值观均具有一定的独特性，且可能会受到环境等因素的影响出现变化，个人与个人、群体与群体以及个人与群体之间在价值观方面的差异和变化均有可能带来冲突。

④ 角色冲突

在整个组织当中，每个部门、每个人都有其专属的任务和职责，同时各方在利益上也存在差异，进而可能出现角色冲突。

⑤ 对权力的追逐

权力对群体和个人均具有强大的吸引力，每个组织中都存在追逐权力的现象，但组织中的各个群体和个人在追逐权力的过程中可能会产生矛盾和冲突。

⑥ 职责划分不清

组织中可能存在职责界限模糊的问题，导致部门与部门以及个体与个体之间出现推诿扯皮的情况，这不仅会造成权不担责等问题，还可能会引起冲突。

⑦ 组织的变动

当组织出现精减或合并内部机构、兼并其他组织等情况时，员工的利益可能受损，管理层成员的权力也可能发生变化，进而导致员工与组织之间出现冲突。

⑧ 组织风气不正

组织风气影响着组织群体行为，组织内部人员会受到组织风气的影响，并做出相应的行为。具体来说，风气正的组织中所出现的冲突大多是普通的建设性冲突，并不会对组织造成恶劣影响；风气不正的组织中所出现的冲突大多是不可控的破坏性冲突，会对组织造成严重影响。

5.2.2　RIDE 说服模型

为了推动项目进展、获取团队资源、捍卫自身观点，进行跨部门沟通时需要不断增强自身的说服能力，提高说服的有效性，让对方心甘情愿地接受建议、认可相关的行为方式。从实际操作上来看，可以灵活运用 RIDE 说服模型（图 5-9 所示）来提高说服的有效性。

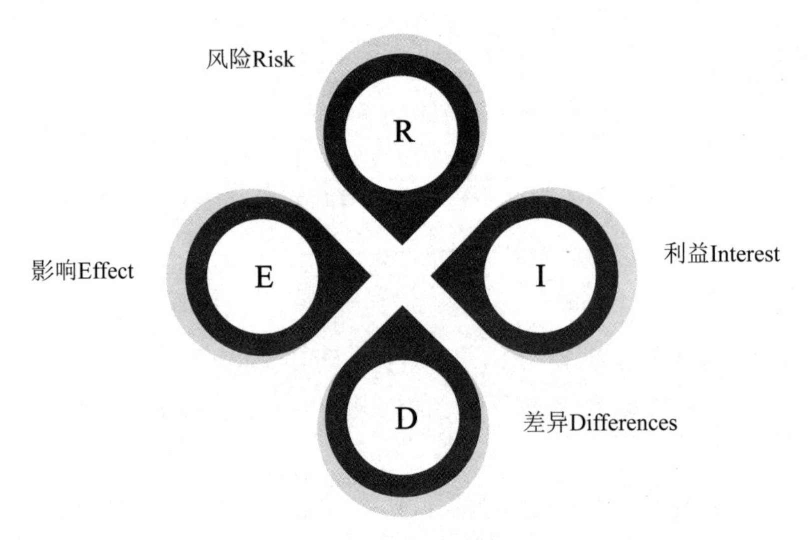

图 5-9　RIDE 说服模型

在 RIDE 说服模型中，R 为 Risk，表示风险；I 为 Interest，表示利益；D 为 Differences，表示差异；E 为 Effect，表示影响。为了应对跨部门沟通中的冲突，应该充分发挥 RIDE 说服模型的作用，通过阐明风险和利益、并引入差异和影响的方式说服他人。

（1）风险

在说服对方时，需要向其阐明不这样做的风险，并通过对风险的强调来引起对方的重视，让对方对自身提出的建议进行更加深入的思考和分析，从而提高对方接受建议的可能性。

以产品经理说服开发团队接受新的产品功能为例，产品经理可以先假设不增加新的产品功能，并指出可能面临的风险，如竞争对手在其产品中增加该类型的功能后，其产品的市场竞争力可能会提高，市场份额可能会扩大，导致我们失去部分客户和营收，甚至出现品牌危机等问题，通过对风险的具体描述来引起开发团队的重视，让开发团队重新认真考虑自身的提议，提高开发团队采纳自身建议的可能性。

（2）利益

除明确告知不采纳建议的风险外，在说服对方时还可以对其进行“利诱”，向对方阐明采纳自身建议所能获得的好处，进而激起对方的积极情绪，让对方愿意深入了解提出的建议并对该建议给予一定的支持和肯定。

以产品经理说服开发团队接受新的产品功能为例，产品经理在阐明不采纳建议的风险后，还需继续告知开发团队采纳自身建议的好处，如在产品中增加这一新功能可以进一步增强产品的市场竞争力，优化用户体验，并吸引新用户，提高老用户对品牌的信任感和满意度，帮助自身企业提高市场份额，获取更大的收益，从而达到激起开发团队的积极情绪的目的。

（3）差异

在说服对方时，应向对方展示出自身建议的独特之处，通过与其他方案的差异对比来突出所提建议的优势，以便提高对方采纳该建议的可能性。

以产品经理说服开发团队采纳自己的方案为例，产品经理需要告知开发团队，在自己的方案当中，产品功能设计参考了用户反馈信息和当前以及未来一段时间内的市场趋势，具有高于市面上的其他产品的人性化程度和操作便捷度，能够充分满足用户的实际需求，在整个市场中也具有十分强大的竞争力，通过突出展示自身方案的特点和优势来获取开发团队的信任。

（4）影响

在说服对方时，还需要引入该方案在未来一段时间内对企业发展的影响，向对方全方位展示建议的重要性和价值，以便获取对方的认可和支持。

以产品经理说服开发团队接受推出新功能的方案为例，产品经理需要告知开发团队采纳方案能够为企业发展和产品生产带来哪些积极影响，如实现产品功能升级，为用户提供更好的使用体验，优化品牌形象，提高企业和产品的市场地位，为企业的长期发展提供支持，从而借助自身方案的长远影响和价值来获得开发团队的支持。

总而言之，RIDE 说服模型在说服他人的过程中发挥着十分重要的作用，可以借助风险、利益、差异和影响四个要素来理清沟通思路，建立起有效的说服策略，提高说服对方的可能性。此外，当进行跨部门沟通时，为了增强自身的说服能力，还需进一步提升应用 RIDE 说服模型的灵活性，在实践过程中根据实际情况酌情调整，并在说服结束后进行经验总结和反思。

5.2.3 TKI 冲突管理模型

托马斯—吉尔曼冲突管理模型（Thomas-Kilmann Conflict Mode Instrument，TKI）认为冲突也是一种正常的社会关系，冲突可以划分成多种类型，针对不同类型的冲突应有不同的冲突管理方式。

（1）TKI 模型的基本理论

TKI 模型将冲突视为一种正常的社交现象，且与人的心理状态和行为有关。TKI 模型可以帮助人们解决冲突问题，为人们在复杂情况下改善社会关系提供支持。具体来说，TKI 模型的假设主要包括以下两项内容：

- 所有人都可以借助强度来体现个人地位。
- 所有人都可以借助强度来为个人地位提供支持。

由此可见，在出现冲突后，人们可以利用各种工具实现自身目标并解决冲突。

（2）TKI 模型的具体应用

受性格、观念等因素的影响，面对跨部门冲突，不同的个体选择的处理方法也不同。但是从根本上来看，任何解决冲突的方法都是在利己（关注自身利益）与利他（关注他人利益）之间找到双方都能接受的平衡点。

TKI 模型从关注自身利益和关注他人利益两个维度划分出合作、妥协、回避、竞争和迁就 5 种冲突管理模式具体如图 5-10 所示。

① 合作

从图中可以看出，合作模式对于自身和他人利益的关注都比较多。在合作模式下，双方可以通过倾听观点、理解观点、沟通想法、解释立场等方式实现双赢。对于双方都重点关注且难以让步的问题，需要先了解对方的观点，精准把握双方关系，并通过沟通共同决策，制定双方均可接受的解决方案，同时充分发挥冲突的作用，引入各方相关人员共同解决问题。

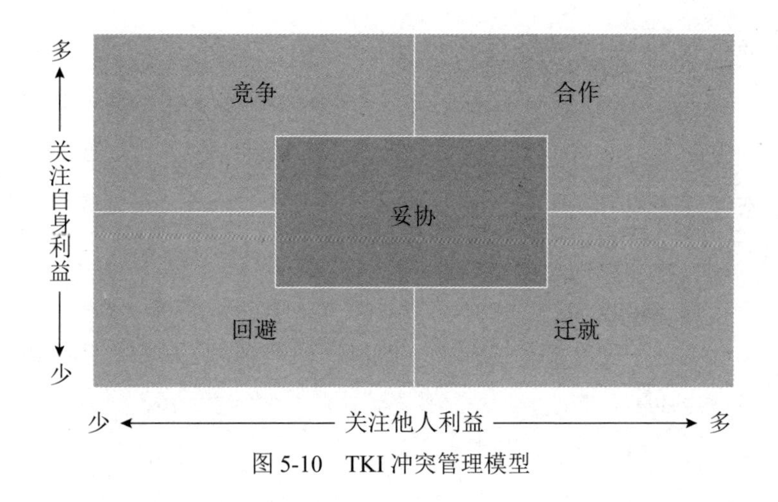

图 5-10　TKI 冲突管理模型

选择合作来解决冲突，就意味着跨部门沟通的双方要找寻共同利益，相互合作、互帮互助，找到问题的最佳解决方法。在跨部门合作中，协作能力是一种非常重要的能力。要想保证协作解决冲突的效果，跨部门沟通的双方要识别并承认认知差异，确定共同目标，找到对双方都有利的方法来化解冲突。

② 妥协

从图中可以看出，妥协模式对于自身和他人利益的关注都居中。在妥协模式下，双方可以通过做出一定退让的方式来实现双赢，但这种模式并不能满足双方所有的需求。妥协模式可以在双方力量不相上下时的多种情景中发挥作用，如目标的重要性低于双方关系的重要性、已有无法双赢的预备方案、已有用于临时处理复杂问题的解决方案、双方仍处于议价阶段、时间压力较大等。

③ 回避

从图中可以看出，回避模式对于自身和他人利益的关注都比较少。在回避模式下，其中一方会选择放弃自身目标并交出控制权，这样做有助于防止局势恶化，继续维持双方之间的友好关系。一般来说，回避模式主要用于各种需要对冲突进行回避的情况，如零和博弈、要求难以满足、问题不会对大局造成影响、需要缓和双方之间的紧张气氛、对抗的损害高于寻求的利益、信息和问题解决的紧迫性不足、对方的冲突解决有效性更高等。除此之外，当某部门需要争取更多时间来达成自身目标时，也可能会采用回避模式。

④ 竞争

从图中可以看出，竞争模式更多关注自身利益而较少关注他人利益。在竞争模式下，双方的力量通常存在较大差距，一方会以竞争的方式以达成目标，甚至直接无视对方的利益。当其中一方采用竞争模式时，另一方无论提出什么样的观点都会被驳回，且不得不接受对方的观点。如果项目出现任何问题，采用竞争模式的一方也倾向于立即撇清自己的关系，并将所有责任都推给对方。由此可见，竞争模式能够在一定程度上解决冲突，但却不利于确立友好的职场关系，同时也会对职业发展造成不良影响。

⑤ 迁就

从图中可以看出，迁就模式更多关注他人利益而较少关注自身利益。在迁就模式下，双方需要采用端正的态度来看待对方，并包容对方的意图，以便在解决冲突的同时建立起良好的关系。一般来说，迁就模式的使用情况主要包括建立信任度、维持和谐友好的关系、友好关系的重要性高于冲突、自身存在差错、自身力量弱于对方等。

（3）TKI 模型的价值

TKI 模型中融合了多种冲突管理技术，能够有效化解各种冲突，充分发挥管理技能的作用，为人们进一步明确以下几项问题提供支持：

- 冲突的有无。
- 冲突对关系的影响。
- 有效解决冲突的方法。
- 有效发挥冲突管理技能的方法。

TKI 模型为人们提供了理解和解决各类冲突的新视角，能够为人们充分发挥冲突管理技能提供帮助，同时也可以为冲突双方理解和沟通提供支持，让双方能够在冲突和解决冲突的过程中进行学习，并对双方之间的关系进行优化。

5.2.4 ARIA 冲突解决模型

ARIA 冲突解决模型是跨部门冲突管理中普遍应用的解决方案，主要包括 4 个阶段，即对抗（Antagonism）、共鸣（Resonance）、创造（Invention）、行动（Action），如图 5-11 所示。

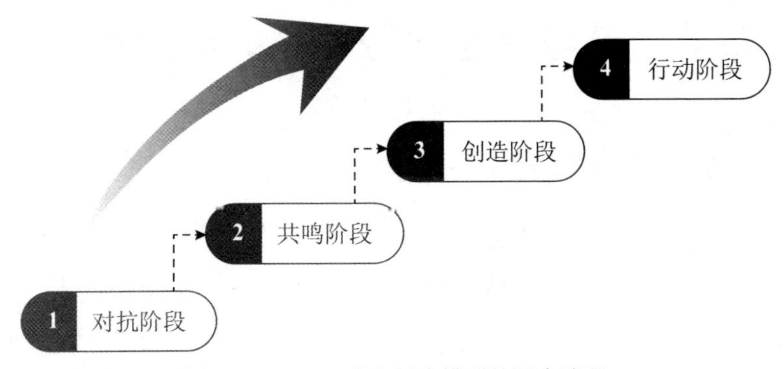

图 5-11　ARIA 冲突解决模型的四个阶段

（1）对抗阶段

积极创造机会让产生冲突的双方将自己的想法以及感受大胆地说出来，开诚布公地来谈问题、聊差异，尽量避免由于身份不同而引起冲突，这是一个很好的释放自身情绪的机会。值得注意的是，有时候过早地化解冲突并非一件好事，这种方法虽然维持了表面上的和平，却有可能为日后更激烈的冲突埋下隐患。

（2）共鸣阶段

这个阶段需要解决的问题是怎样化解冲突并为双方带来好处，双方要主动沟通自身的需求，求同存异，确立一致的目标，解决基于目标的冲突。

（3）创造阶段

双方应共同营造乐观的合作氛围，不要依靠某一方的让步来解决问题，而要通过头脑风暴来商讨所有可能的有价值的方法，极力挖掘和整合资源，最终解决基于资源的冲突。

（4）行动阶段

在实施解决方案的过程中要注意保持 ARIA 的沟通模式，必要时可再次启动该模式，以建立双方相互信任、配合持久的合作关系。

企业内部的各种矛盾、冲突并非空穴来风，只有真正了解冲突的原因，并按照步骤有序地解决问题，才能够避免矛盾激化，实现高效的跨部门沟通。在企业运营中，冲突是很难避免的，而且其本身就具有价值。所以跨部门沟通的核心就是解决冲突。

5.3 企业生产与销售部门的冲突及解决

5.3.1 生产部与销售部的冲突现状

在生产型企业的日常运营过程中，常出现不同部门间产生冲突的现象，其中，尤以生产部门与销售部门间的冲突最为普遍。生产部门与销售部门作为生产型企业的两个重要部门，对二者之间的矛盾进行分析，有助于探究问题解决方案。

现代化企业更加注重部门之间的分工与协作，企业会将不同类型的业务交给不同部门来完成。随之而来的，是部门间矛盾的增加。在业务执行与落实过程中，企业的核心部门需要与其他辅助部门进行高效的互动沟通，如果不同部门间出现矛盾，则会降低企业运营的整体效率，阻碍其潜能的发挥，导致企业难以提高资源利用效率。

分析生产部门与销售部门在日常经营及发展过程中经常出现的跨部门沟通问题（如图 5-12 所示），能够为企业处理二者间的冲突提供一些参考，图 5-12 为生产部门与销售部门存在的冲突。

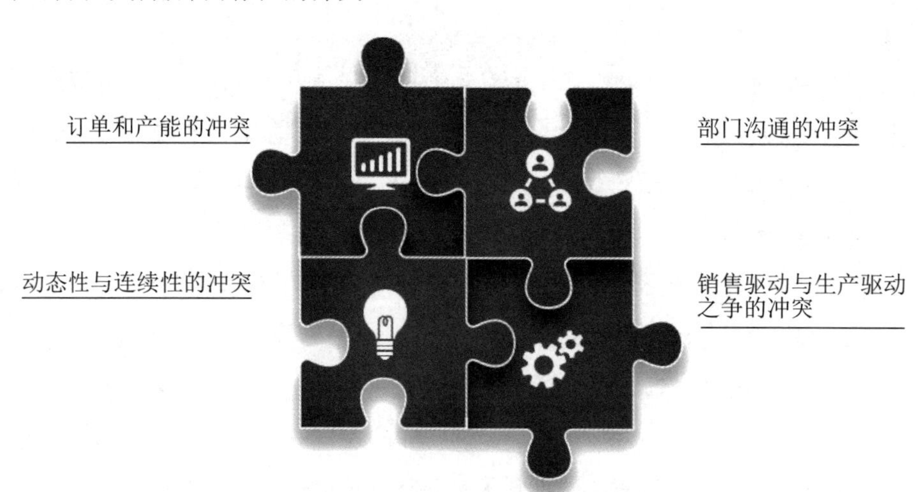

图 5-12　生产部门与销售部门存在的冲突

（1）订单和产能的冲突

这方面问题的主要表现如表 5-1 所示。

表 5-1　订单和产能的冲突示例

问题类别	主要内容
订单数量	如果订单数量有限，企业的产能供给远超需求，难以提高设备运转率；如果订单密集，产能供给则无法满足需求，生产运作会超出企业的承受范围
订单金额	如果订单较小，则无法引起企业的重视；如果订单较大，企业则无法保证原材料或产品包装的正常供应，缺乏对产品质量的严格检测，容易出现延期交货的问题
订单周期	如果订单周期较短，需要企业加快生产节奏；如果订单周期较长，企业则来不及消耗库存，容易出现严重的货物囤积现象

（2）部门沟通的冲突

企业时常会面临跨部门沟通的问题，为了处理这些问题，有时需要管理层介入，但这种间接化的处理方式会消耗大量的时间与精力成本。

无论哪个部门，都倾向于降低自身工作的难度，这就容易导致不同部门间产生矛盾。比如，生产部门想要降低生产过程的运营难度，将产品销售任务交给销售部门；但销售部门从市场需求的角度，希望生产部门输出的产品符合消费者的需求，他们只负责给企业争取订单，将供给任务交给生产部门，由此就可能导致两个部门的运作出现隔阂。

（3）销售驱动与生产驱动之间的冲突

企业中经常出现生产部门与销售部门就自身重要性展开内部较量的现象。在实际发展过程中，企业要接到订单，才能进行生产运作，从这个角度来说，销售部门占据核心地位；但如果企业接到了订单，生产部门难以向客户提供相应的产品，就无法进行价值转换，从这个角度来说，生产部门也占据核心地位，所以当订单出现问题后，这两个部门互相推卸责任的情况时有发生。

（4）动态性与连续性的冲突

因为市场环境的变动性较大，而销售部门对市场发展趋势的把握又有很大的时间滞后性，导致该部门的推测结果与实际订单需求存在明显出入。销售部门的预测结果不准确，就会使生产部门的运作承担较大风险，会导致企业无法在规定时间内提交给客户所需的商品。

5.3.2 两个部门存在冲突的原因

企业的生产部门与销售部门之所以会出现跨部门沟通不畅的问题，主要是因为企业存在体制方面的问题，如果管理体制没有清晰划分各个部门的分工，或者企业未规定核心职能部门，就容易导致不同部门间出现矛盾。

按照管理体制的不同来划分，企业属性有生产型、销售型。对于部门职能的划分，国内很多企业基本将产品研发、生产安排等工作交给生产部门来完成，企业的销售人员则分属销售部门；也有企业会分设生产部门与销售部门，生产部门负责产品开发与生产，销售部门则负责流通方面的业务，包括产品推广、市场调查、销售团队组建、服务提供、销售预测等。

在这种管理体制下，企业的决策权主要掌握在销售部门手中，生产部门缺乏明确的目标，生产出的产品可能不符合市场需求；而销售部门的运营没有可靠的依据和来源，企业易出现库存积压。而且，生产部门与销售部门间缺乏有效的信息交流，还会给企业的营销工作带来阻力。

从理论层面来分析，销售部门更加关注市场变化与消费者需求，希望产品能够快速升级换代，从而提高企业整体的市场应对能力。但从生产部门的角度来分析，产品的急速更新会打乱其现有的生产计划，可能导致企业无法及时完成生产任务。所以，生产部门会系统考虑企业发展的相关因素，在进行产品研发时对企业的技术、资源情况进行综合分析，这可能导致企业错失良好的市场机遇。

很多公司由于没有确立核心业务部门，生产部门与销售部门处在同等地位，这种处理方式很可能导致两个部门各行其是，缺乏有效的沟通与互动，影响部门之间的合作，给企业的整体战略实施带来不利影响。

5.3.3 两个部门冲突处理的措施

在企业管理中，解决生产与销售部门冲突的方法主要如图 5-13 所示。

（1）有效整合部门目标

站在管理者的角度，任何成员都应该从公司发展角度出发考虑问题，而不是仅局限于各个部门的利益，但现实情况却是当整体利益与部门利益产生冲突时，部门首先都会考虑自身的利益，努力减少部门的利益损失，这也是所有企业都要

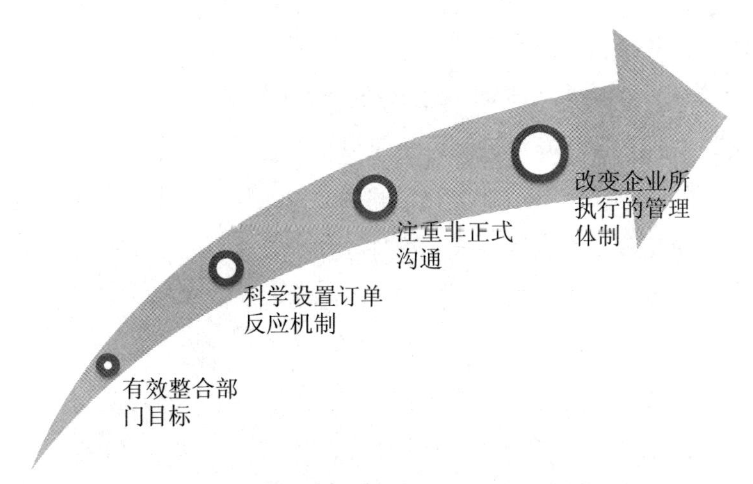

图 5-13　解决生产与销售部门冲突的方法

面临的问题。就算部门负责人倾向于舍弃自身利益，但员工也可能产生不满情绪，这也会对负责人的最终选择造成重要影响。

之所以会出现这种情况，主要是因为部门的发展目标脱离了企业的整体目标。针对这个问题，企业要对各个部门的目标加以整合，使小目标与大目标在同一个方向上。

（2）科学设置订单反应机制

企业需发挥计划调度部门的作用，及时追踪企业的订单完成情况，并将信息发送给销售部门，设置产品订单反应机制，在生产部门与销售部门之间发挥桥梁作用，有效促进两个部门之间的沟通与互动。在具体实施过程中，企业不妨在内部组织生产部门与销售部门的特别会议，为两个部门的沟通提供有效平台，让生产部门知晓销售部门的工作难度，同时让销售部门掌握更多的生产知识，通过这种方式有效消除两个部门间的隔阂。

此外，企业应该组织内部市场营销培训，并根据生产部门与销售部门的情况提供针对性的课程。高效的营销能够展现公司的整体竞争实力，在营销工作实施过程中，销售部门需要生产部门的保障与支撑，生产部门也要依靠销售部门获得的市场数据进行产品优化与改良。

（3）注重非正式沟通

企业的沟通形式分为两种：正式沟通与非正式沟通。其中，会议沟通是正式沟通的典型代表方式，不同部门间可通过会议交换信息。但企业管理者要清楚，如果问题本身比较特殊，容易激起矛盾，引发对立观点，则尽量不要通过会议方式解决，如果非要在会议上提出，也需在会前就相关问题进行初步讨论。另外，应该按照会议议程进行问题讨论，避免在会议期间相互推卸责任、浪费时间。

不同部门的负责人应该加强彼此之间的交流。如今不少企业内部各部门各自为政，部门负责人除了用电话方式交流外，很少进行面对面的直接互动。相对于电话沟通，面谈方式可借助谈话人的表情、手势等传递信息，提高信息传达的准确性，能够有效加强不同部门间的联系。

此外，在出现问题之后，应尽量找到问题责任人并就问题与其展开交流互动，避免直接向部门管理者反映情况，更不要直接向该部门的上级领导投诉。否则这很容易导致问题责任人产生负面情绪，感觉自己没有得到信任与尊重，影响今后部门间的沟通与合作。

（4）改变企业所执行的管理体制

如前文所述，管理体制问题容易导致部门间的冲突。对此，需要对企业的管理体制实施改革。具体的改革方式需要基于企业的实际情况，比如，如果产品销售是企业的核心业务，企业就需要将销售部门规定为企业的核心业务部门，并对各个部门的职责进行合理调整，可以将产品研发、生产计划的制定工作划归到销售部门，让销售部门参与到企业的产品生产环节，如此一来，销售部门就能根据以往运营过程中获得的数据信息对消费者的需求进行挖掘，然后实施产品研发，安排产品生产，并根据市场需求情况确定商品的价格，通过促销等方式实现商品销售。

第6章

跨部门协作技巧

6.1 跨部门协作团队与文化建设

6.1.1 跨部门团队协作的组织框架

跨部门协作是企业面临的一大痛点，很多企业管理者对此投入了巨大精力，但却始终未能取得实质性突破。那么，企业管理者应该如何解决企业的跨部门协作问题呢？下面将从结构框架、人力资源框架、文化框架三个角度对这一问题进行解答。

（1）结构框架

结构框架就像是两军对垒时的排兵布阵一般，如果没有清晰的结构框架很容易导致员工自乱阵脚。

① 运营流程

既定的运营流程为企业各部门开展工作提供了清晰而明确的指导，即使是新入职的员工也能根据相关流程找到自己在组织中的定位。而涉及跨部门沟通与协作时，员工也能找到能够提供支持的部门及成员，从而快速高效地解决各类问题。

很多企业之所以会出现跨部门沟通问题，就是因为它们未能明确部门及岗位权责、未制定相应的运营流程。以企业开发新品为例，在开发过程中，采购、研发、生产、财务及市场等多个部门都扮演着一定的角色，它们各自的权力与责任是否明确？它们应该提供哪些资源、输出什么结果？这些都需要通过一套完善的流程予以明确。

② 组织架构

确立流程后，想要让流程能够得到落地，还必须打造出以项目为中心的组织运行机制。此时需要让各个成员明确自己的责任、权限等，从而让他们能够发挥出潜在价值。不过，企业也需要注意是否存在成员空有职位、而无实权的问题。

③ 考核机制

考核机制是对员工进行科学管理的有效手段，也是企业公平公正的具体体现。在实践过程中，考核结果往往会与员工的薪资待遇挂钩，而以华为为代表的诸多国内外领先企业更是将员工的考核结果作为岗位调动的核心依据。

（2）人力资源框架

从企业的人力资源框架维度来看，“缺资源”“无意愿”“少能力”也是造成跨部门协作沟通受阻的重要原因，如表 6-1 所示。

表 6-1　跨部门协作沟通受阻的重要原因

原因	主要内容
“缺资源”	“巧妇难为无米之炊”，企业在资源配置方面出现问题，会导致某些部门的资金、人才等资源短缺，从而使企业的跨部门沟通与协作遇到极大阻力
“无意愿”	一些身居重要工作岗位的员工虽然自身能力极强，但没有团队意识，不擅长与他人合作，更无法让其所在的项目团队成员充分发挥自己的潜能
“少能力”	如果企业员工缺乏足够的培训，在处理一些突发问题时，就不知道应该如何应对。比如，有的企业在流程及结构方面做得相当到位，但员工的能力却严重匮乏，在面对难度较大的跨部门项目时，进展十分缓慢，从而使企业发展陷入困境

（3）文化框架

带领 IBM 走出发展困境的路易斯·郭士纳（Louis Gerstner）对企业文化在企业发展过程中发挥的作用给予了充分肯定，他表示：“企业文化不是企业游戏的一部分，而是全部。”企业文化是一个企业生存发展的土壤，有什么样的企业文化，就会塑造出什么样的组织。那些在跨部门沟通与协作中遇到极大阻力的企业，应该反思：是否已经具备实现跨部门沟通与协作的文化？

以华为为例，很多人可能认为任正非在识别人才方面具有独特的能力，但任正非本人则表示：“并非如此，在 17 万的员工中，我永远不知道哪些是优秀的人才，就像在大草原的狼群中，人们很难找出头狼一般。”这正说明华为的企业文化是团队作战，而非提倡个人英雄主义。

因为工作强度大等各方面因素，华为也流失过优秀的人才，但正是这些留下来的平凡人，通过团结合作成就了不平凡的伟大事业。反观国内大部分企业，表面上强调团结合作，但在功劳面前人人争抢、在责任面前人人退缩，注定陷入败局。

6.1.2 基于 IMOI 模型的跨界团队

面对当今快节奏的工作方式和日益激烈的商业竞争，越来越多的企业开始通过在线协作、项目化团队、混合组织等跨边界的运作形式激发内部活力，实现创新目标。而突破部门壁垒束缚、打造跨越专业知识边界的团队，也成为组织应对外部挑战、实现内部创新的有效路径。

然而，跨边界合作虽然能够帮助企业更好地应对挑战、完成特定项目，但在实际运作中却有诸多困难；而且要真正获得不同专业知识整合所带来的潜在绩效优势，也并非将不同部门的成员、不同领域的专家简单地聚集到一起就能实现。跨界团队成员必须具有开放性的思维和心态，能够适应特定的知识边界，学会与来自其他部门的团队成员进行深度沟通，并有效应对可能发生的各种人际冲突。

哈佛商学院领导力及管理学专业教授艾米·埃德蒙森（Amy C. Edmondson）及其合作者提出了组建跨界团队的 IMOI（Input-Mediator-Output-Input，输入—中介—输出—再输入）模型，如图 6-1 所示。

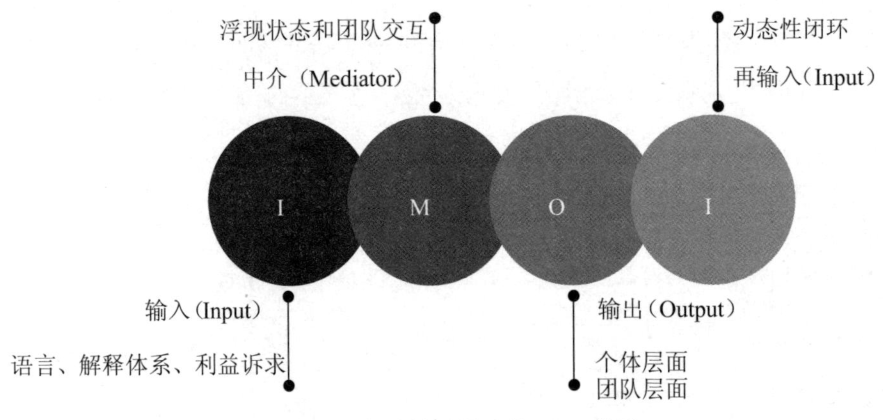

图 6-1 组建跨界团队的 IMOI 模型

该模型将跨界团队定位为一种复杂的具有适应性的体系。认为在跨界团队中，不同成员间表层的差异为语言的差异，这种差异易于理解和识别，同时也不难被化解；但其深层的差异，也即思维以及利益等层面的差异，不仅需要深入分析和挖掘，而且容易引发矛盾和冲突。管理者通过分析 IMOI 模型，能够对跨界团队的交互有比较深入的把握。

（1）输入（Input）

语言、解释体系等团队成员具有的知识属性，决定着团队中的个体和集体状态。也就是说，加入新环境的成员需要在相对应的行为上产生某种共识，具备团队要求的技能，并有着自己的团队预期，这些也影响着跨界团队的后续塑造和运行。

同时，如果没有共同的利益诉求，则以往处于不同部门内的人很难真正做到彼此信任和协同。而信任的缺位又会降低成员与他人分享自己知识与见解的欲望，也会导致人们不愿倾听和学习他人的经验，最终使得跨界团队"貌合神离"，无法真正获取预期价值。因此，打破知识边界，形成共享的语言、解释体系和利益，是构建高效跨界团队的第一步。

（2）中介（Mediator）

浮现状态和团队交互是紧密相连、互相增益的两个环节。浮现状态指的是，通过跨边界合作，团队成员能够获得一种新的视角去检验自我认知，而这种检验也反映了成员对团队项目的了解程度和工作方式。同样，与团队中其他成员的交互沟通和思考，在个体层面有助于培育成员对跨界团队的归属感并实现自我激励；在团体层面则可以帮助成员更好地明确团队目标、规范与惯例，激发集体状态。

团队交互会对浮现状态造成影响。团队成员的学习交互是由"提出问题、寻求反馈、实验验证、思考结果、讨论错误或意外的行为结果"等一系列行为组成，这些行为及由此产生的表征形式能够帮助跨界团队发现问题并制定最佳的解决方案。由此，个体状态和集体状态与团队交互之间形成一种互惠模式，每个成员都参与到其他成员和团体的转变之中，同时又受到其他个体和集体的影响进行自我转变。

（3）输出（Output）

IMOI 模型从个体与团队两个层面指出了跨界合作的巨大价值。

个体层面，参与跨界团队的成员能够获得更多成长受益的机会。团队的成功会为个体带来更大的成就感和幸福感，增强个体的信心和学习能力。同时，个体在跨界团队中学习的新语言、获得的对特定情况的不同见解以及对其他部门利益诉求的了解，都有助于提升员工的眼界和思维高度，培育个体从不同角度思考问题的能力和习惯，从而突破专业知识壁垒，更从容地传递、调用和转化不同知识用来解决问题。

团队层面，成功的跨边界合作能够获得不同知识带来的潜在绩效，更好地解决复杂问题、实现产品或服务创新，最终提高组织整体绩效。比如，某游戏公司曾让游戏开发人员进入到由剧作家、设计师、艺术家和程序员组成的跨界团队中，不同知识领域和思维方式的交互碰撞，更易激发研发人员的创作灵感，最终打造出了一款备受玩家追捧的游戏。

众多实践已然表明，最具创新精神和能力的团队，其成员往往具有较大的"异质性"，能够通过跨越知识边界的团队交互为个体带来全新的体验，从而深度激发成员的创新创造灵感。因此，具有不同知识属性的个体间的交互沟通，是提高团队绩效的关键。

（4）再输入（Input）

基于IMOI模型，跨界团队的交互过程是一个具有动态性的闭环。也就是说，当跨界团队开始运作时，不同成员的语言、技能、经验、利益等均会对团队的运作产生一定的影响；经过团队成员之间的交互，个体能够获得不同的视角进行自我认知和项目审视；然后便能够输出成果，具体的成果既包括成员个体的进步，也包括团队带来的服务或产品的创新；但此时的跨界团队也已经发生新的变化，能够将跨界合作的成果反馈至团队中，从而推动闭环的运转。

情景因素对跨界合作过程以及输入输出关系有着重要影响。根据IMOI模型，情景因素主要指跨界团队所处的组织环境或更大的社会体系、团队的领导力和管理架构等内容。

当面对一个复杂且充满变数的任务时，管理权的集中有助于推动充满异质性的跨界团队的有效运作；相反，正式权力的分散则不利于发挥跨部门合作带来的协同优势。同时，完成任务的绩效压力也会促成多元化团队的集权管理形态。因为随着绩效压力的增加，跨部门团队成员为了达成共识、提高团队绩效，会更多地利用基础知识而非专业知识，并将主要关注点放在完成项目上，从而自觉遵从团队中的等级制度。

6.1.3　跨部门团队建设的实战策略

企业组建跨部门团队时，人力资源管理体系要充分考虑到知识的特殊交错性可能带来的团队管理、人际交互、成员融入和学习等多方面的挑战。具体来说，跨部门团队建设的实战策略如图 6-2 所示。

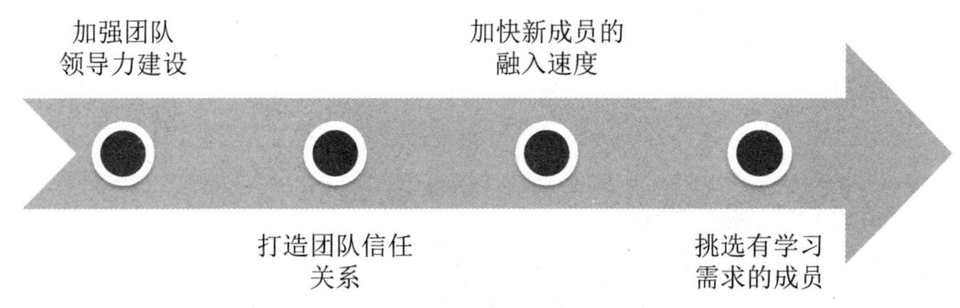

图 6-2　跨部门团队建设的实战策略

（1）加强团队领导力建设

跨部门团队中，来自不同知识领域的个体基于完成特定项目的共同目标而聚合起来，因此需要加强团队领导力建设，以真正实现异质成员间的协同合作，获取不同知识与经验带来的绩效优势。对此，组织可以通过预判跨界合作过程的专业需求，合理安排不同专业知识背景的成员，最大限度地发挥多元互补与协同优势。

（2）打造团队信任关系

来自不同部门、具有不同知识背景的个体走到一起组成跨界团队，首先面临着有效交互沟通的问题。对此，人力资源管理体系要通过各种方式消除成员间的戒备心理，为跨界交流创造安全舒适的心理环境，加快团队成员间信任关系的建立。

另外，互联网时代下远程办公形式日益流行，但这种形式却并不利于跨部门团队的有效运作。因为当跨界团队成员各自在家办公时，虽然会提高个体的工作效率，但却大大减少了成员间的非正式交互机会，使本就不熟悉的跨部门团队成员更加难以形成信任关系，进而影响团队绩效。

（3）加快新成员的融入速度

新成员首先需要融入和认同跨部门团队，将自己真正视为团队中的一员，才可能与其他成员实现彼此协同。然而，当个体加入一个陌生的新环境时，常常会因各种不确定性产生焦虑、紧张、迷茫等心理，无法适应新的环境和工作。因此，人力资源管理的一个重要任务是，制定有利于新成员融入跨部门团队的相关措施并将其顺利落地。

组织社会化策略有利于新加入成员了解跨部门团队、快速适应新的环境，具体包括帮助新员工熟悉绩效评估方式，了解团队的组织政策、语言、解释体系和价值观等。此外，人力资源管理部门还要通过多种方式帮助异质性的团队成员精准了解彼此差异，塑造成员强烈的集体意识和团队归属感，以更顺利地促成跨部门合作。

（4）挑选有学习需求的成员

有的项目要求很高而且任务复杂，并由经验丰富的管理者带领，这种跨部门团队对个体而言是一个学习和提升专业能力的良好机会。因此，企业在组建团队时，除了为完成任务挑选经验丰富、能力较强的成员，也要考虑到个体自我成长的诉求，选择有学习需求的成员加入团队。

组织的人力资源策略为个体提供了学习成长的机会；同样，成员能力的提升也有益于未来项目的顺利开展，这些获得自我发展的团队成员也会在以后的跨部门合作中将经验传授、分享给其他人，从而使整个组织间接地从成员的知识与经验成长中获益。

6.1.4 构建基于信任的团队协作文化

企业跨部门合作项目的执行过程往往要面对各种各样的不利局面，如表 6-2 所示。

表 6-2 跨部门合作中的不利局面示例

标号	主要内容
1	各项决策的实施没有达到预期效果，管理层对团队的信任度降低
2	各团队之间因工作矛盾、利益冲突产生“踢皮球”的现象，经多次整改都没有改善
3	团队内部的矛盾因迟迟未解决而扩大，并产生恶劣后果，对集体造成影响，甚至波及整个公司

这些问题有一个核心因素就是企业成员之间的信任缺失。员工不信任彼此，

会导致工作时放不开手脚，管理层在决策时也会有诸多犹疑，这都会严重影响工作进程。为了尽快提升企业的运作能力，首先应构建基于信任的团队协作文化。

（1）争取管理层的信任

面对不同的工作状况，每个人的工作进度可能不同，此外工作事项也有交叉的可能，这些都会导致团队成员互相争夺资源。要从根本上解决这些矛盾，首先就需要获得管理层的信任，从而有针对性地改变现状。

a. 首先需要在项目伊始制订合理而清晰的计划。工作计划一般由团队成员共同参与拟定并完善，而管理层也能够尽快对项目团队的工作有基本的了解，并掌握整个项目的脉络。因此，站在管理层的视角，项目过程中的各种节点、对应的员工、实施的细节就会清晰可见，便于后续决策的制定。

b. 项目团队应有计划地完成工作，并在定期汇总后制作成工作报告，让项目整体处于可控的范围内。项目负责人应严格按照团队制订的计划，推动成员之间的协同合作，由专人分析项目存在的问题、解决的措施和可能的风险，并及时汇报，让管理层对这些基本情况有充分的了解，以便及时纠正行进方向。

c. 各团队成员都应该明确项目过程中存在的风险，并做好应急准备。面对工作项目的潜在隐患，项目团队应有清晰的认识。尽早发现隐患，上报给管理层，如此才能增进管理层对团队的信任。在这个过程中应该注意以下几点。

- 项目团队应有一套系统的排查风险、评估风险的程序。
- 将发现的隐患通报给管理层时，应准备不少于两项的解决方法，如此才能提高获得帮助的可能。
- 若问题即将发生，或已经造成不良后果，需要在团队内或全企业进行通报时，应该明确是什么原因导致了问题，总结工作过程中各种风险对应的可能影响，针对存在的问题提出改进措施。

d. 在项目完成后，对项目过程进行评价。具体包括目标是否清晰、效果是否达成、计划是否合理、收益是否可观，并注意从成功中总结规律，作为日后工作的参照；若项目失败，也要及时进行反馈，并注意从失败中获得经验。

（2）促进团队间的信任

项目团队是一个具备各种职能、能够独立运行的工作单元，其中包括一众小组，如业务小组、产品小组、测试小组等。不同的小组之间由于工作的内容、目标等的不同，有可能会产生隔阂和冲突。如产品小组的研发进度会影响产品投入生产的时间；产品若不投入生产，就无法进行产品测试，不能得到反馈改进生产流程；而产品测试的进度又会影响产品的继续完善。

a. 项目团队的工作是互相影响的，因此团队内的各小组也要增进互相之间的理解与信任，这是项目工作顺利推进的基石，具体对策如表 6-3 所示。

表 6-3　团队增进信任的具体对策

项目阶段	具体对策
项目初期	业务小组与研发小组需要敲定项目整体的规划，确定一些关键节点，用以参照产品研发进程；同时明确投放的市场范围，对产品可能具有的价值有初步的判断。总之，二者应该共享信息、协同合作，完成任务目标
项目正式开始进行后	研发小组需举行产品需求评审会议，业务小组也会受邀参加，与研发小组共同确认产品的设计目标，依照共同的纲领开展工作
项目临近完成时	研发团队会把产品递交给业务小组，业务小组需要评价产品是否能够满足市场需求、完成预期目标。在开始生产后，研发小组还要把生产的阶段成果和流水线的信息反馈给业务小组，并持续对生产过程进行监督

b. 团队内部的信息要透明，以方便各小组协同合作，具体对策如表 6-4 所示。

表 6-4　团队信息透明的具体对策

关键词	具体对策
召开例会	定期就工作项目召开例会，便于团队内部共享工作进程。一般由项目经理举行每日与每周会议，供各小组分享工作进度，提出工作难点，寻求其他小组的帮助，同时根据其他小组的进度调整下一阶段的工作计划
项目评估	在项目进行的每一个阶段都要做好把关，由整个团队对某一方面的成果进行评估。如项目立项时的评估、举行产品需求评审会议进行评估、对产品概念的评价、对产品进行测试等，一系列的评估能够有效避免工作事故的发生
共同决策	将决策权分给每一个团队成员，具体就某个决策展开讨论时，尽量采取举手表决的方式，尊重每一位成员的意见，避免决策权力的过度集中。制订宏观计划、改变工作路线等重大决策则需要各小组协商后敲定

c. 各团队成员也需要建立良好的人际关系，充分信任彼此。只有关系融洽才有利于团队合作，才能够提高工作速度，为企业带来更多收益。在项目团队内

部，项目负责人需要拥有较强的号召力，能够采取一些方法，拉近团队成员的关系，消除部分成员的矛盾，使他们建立基本的信任，表 6-5 为促进团队关系融洽的具体对策。

表 6-5　促进团队关系融洽的具体对策

情境	具体对策
团队最初建立时	可以采用破冰的方式，让团队成员对同事有最基本的了解。项目负责人举行会议时，可以要求各成员进行自我介绍，分享自己的工作经历、相关经验等，这不但有利于整理团队的工作思路，还能有效拉近成员间的距离
团队成员工作遇到困难时	项目负责人应该尽力为成员排忧解难，具体可以与相关的小组进行沟通，为团队成员提供帮助，同时将这一过程在团队内推行，目的是让互帮互助成为惯例
团队成员的利益受到威胁或取得工作成果时	在团队成员的利益受到威胁时，项目负责人应该据理力争；同时，在成员取得工作成果时，负责人也应当为其争取奖励，具体可以采取口头激励、奖项提名、经验分享、荣誉发放等方式为团队成员带来荣誉感。负责人还要关注成员的进一步发展，通过组织相关培训来提升成员的能力
需要沟通想法时	项目负责人需要采取一定的措施，让团队成员学会倾听。首先负责人应该以身作则，认真听取每一位成员的意见，同时还要就其表达的内容作出反馈。在成员互相沟通时，负责人需要注意其思路、关注点是否正确，如果对话偏离主题，则需尽快提醒

6.2　跨部门协作流程管理与优化

6.2.1　跨部门协作流程优化的原则

在许多大型企业经营的诸多业务中，往往存在着核心业务，而且企业会在这些核心业务上投入巨大的资源及精力。对于企业的流程优化同样如此，我们不难发现大部分企业对流程进行优化时，通常会先从关键流程切入，这些关键流程的优化往往能够直接带来实质性的经济收益，而且能让组织成员对于这些关键流程有充分的认识。

不过，企业的关键流程优化通常存在着较高的难度，它会涉及多个部门的多个岗位，需要各岗位人员高度协调才能完成这一目标，为此，企业往往会组建专门的临时项目团队，针对关键流程进行优化改善。

对流程进行优化，还需要能够从多个角度来分析目标流程。由于部门职能及工作环境的差异，对于同一流程进行优化时，不同部门的人员往往会有自己的看法及优化方案，经过一系列协商沟通后，最终会得出一套有效的流程优化服务解决方案，从而完成流程优化的预期目标。

（1）跨部门流程优化需要高效运作的团队

为了解决跨部门的流程优化问题，必须组建一个临时的项目团队，并为该团队选择一个合适的领导者。原则上，流程的所有者应该在流程优化过程中扮演核心角色，只有明确了流程优化的主体，整个流程优化才能达到预期效果。

以研发流程为例，研发流程的所有者应该是研发部门的经理，当然一个研发流程所涉及的不仅是研发部门，生产、采购、财务、市场部门都会参与其中。所以，项目团队的成员中也需要有来自这些参与部门的员工，从而为流程优化提供更为全面、系统的优化服务解决方案，最终实现研发流程优化的目标。

需要注意的是，组建跨职能团队时应该尽量避免出现以下两个问题：

- 跨职能团队的成员数量应该控制在10人以内，因为过多的人数可能会增加团队的沟通难度。
- 应防止某一部门扮演的角色过重，从而避免了影响其他部门成员的参与积极性。

（2）跨部门流程优化需要遵循原则

流程优化工作正式推行后，企业必须制定一套完善的规章制度，在推行过程中有相应的监管人员负责对这些规章制度的执行情况进行监督。完善的规章制度可以有效防止项目团队成员无休止地内耗，让每个团队成员开展的工作都能找到制度依据。

在组建跨职能团队时，需要让每个成员熟悉这些规章制度，并在团队内部指定一个负责监督的人员，一旦团队成员出现违反规定的情况，就要及时指出并帮助其纠正。流程优化项目团队需要遵循的原则通常包括以下几点，如图6-3所示。

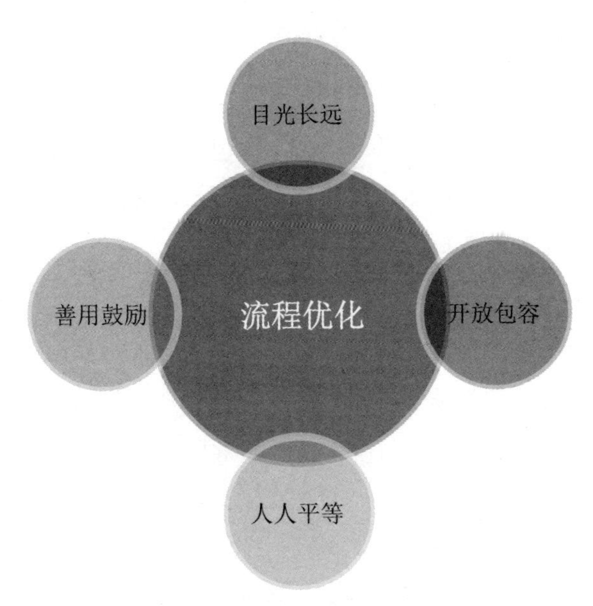

图 6-3　跨部门协作流程优化的原则

- **目光长远：**不要将视角局限在自己所属的部门，应该从企业长期发展的维度上看待流程优化的每一个环节。
- **开放包容：**要有开放包容的心态，不能太过死板教条，应该服从企业的整体利益。
- **人人平等：**每一个团队成员都是平等的，每个人提出的意见与建议都应该被重视。
- **善用鼓励：**每一个团队成员所作出的贡献，哪怕仅是某一细节的改善，都应该得到鼓励。

负责监督团队规章制度的人员要将重点放在解决问题及优化结果方面，不要让团队陷入权力斗争的漩涡中。以跨职能团队驱动的流程优化，可以极大地促进各职能部门间的沟通交流，让不同部门的成员经过交流沟通后，树立大局观及全局意识，能够从企业整体利益的视角分析并解决问题，而不是仅关注自身所属部门的利益。

6.2.2　以客户为中心的全流程意识

- 某家通信公司推出的新品销量不佳，在全体会议上，管理层要求各部门分析造成这一问题的原因，销售部门认为这款新品缺乏市场竞争力，而且前两个批次的产品质量不稳定，导致消费者对这款产品留下了负面印象；产品研发部门则认为这款产品各项性能明显领先于行业平均水平，问题在于销售部门未能制定出有效的营销方案。在会议上，两个部门争论不休，结果都受到了公司的惩罚。

- 某家消费类电子企业组建了产品规划部门，以提升自身的产品规划能力，但研发部门员工对这种做法心存不满，他们认为自己部门就可以做好产品规划工作，根本没有必要成立一个新的部门，浪费的人力成本还不如用来提高研发人员的薪资待遇，激发研发人员的工作热情。
- 某家手机主板供应商在产品交付周期方面存在较大问题，经常出现延期交付的情况，为了解决这一问题，管理层决定引入交货及时率这一指标，对生产部门及发货部门的工作进行考核。其中，对生产部门的考核是考核产品入库时间；对发货部门的考核，则是考核其接收到产品后将产品交付给物流部门的时间。一段时间后，仅从考核结果来看，两个部门都能在规定时间内基本完成各自的工作，但因为产品仓储、信息传递及物流配送等环节所消耗的大量时间成本，产品延期交付问题始终未能得到有效解决。
- 某家自动化设备供应商的销售人员深受跨部门沟通问题的困扰，他们经常吐槽“和其他部门沟通，比和客户沟通更为困难”。而生产部等部门对销售部门也积怨颇深，比如，销售人员在和他们交流沟通时，总是用客户来威胁他们；和客户签订单时，不顾及生产部门的人力及资源限制，导致生产部门的员工每天疲惫不堪。

国内企业普遍存在上述问题，之所以会出现这种情况，最为关键的问题在于各部门总是以本部门利益为中心，缺乏全局意识，部门中的成员也认为自己是为部门服务，而不是为整个企业组织服务，从而出现了各部门各自为战、跨部门沟通受阻的问题，对企业发展产生严重的负面影响。

在市场竞争愈发残酷而激烈的背景下，企业需要在组织内部树立全流程理念，实现企业的团队化运作、流程化运作。全流程是一种科学完善的端到端的流程，致力于满足客户需求。以客户为中心是全流程需要遵守的核心理念，所有的组织成员都要以客户为中心，主动获取客户提供的反馈意见，并尽可能地满足其需求，根据客户需求开展工作，争取为客户提供最优质的产品及服务。

在日常工作中，部门本位思想很容易导致员工过度重视本部门利益，而忽视其他部门利益及企业的整体利益。全流程意识强调各部门、各组织成员要对整个流程结果负责，而不是仅关注某个环节，全流程中的每一个节点都会影响最终的结果。遇到问题时，应该共同寻找有效的解决方案，而不是相互推诿、指责，认为问题都是由其他部门造成的。因此，全流程意识能够让成员意识到整体利益高于局部利益，要将自身的价值获取建立在为客户及企业创造价值的基础之上。

部门意识是对部门管理人员负责，因此员工为了迎合上级喜好，会忽视部门意识对整个流程的影响，忙于和部门主管搞好关系，而不是提升自身的能力，为客户提供优质的产品及服务。而全流程意识则提倡对事务负责，成员需要做好自己的本职工作，并积极配合上下级流程，争取能够快速高效地响应客户需求，切实维护客户利益和企业整体利益。

传统的流程意识通常是要求员工严格地遵守流程规范，将下一环节作为“客户”，用标准化的流程对企业的运营及发展进行固化。因此，虽然员工都根据流程规范完成自身的工作任务，但标准化、程序化会让人产生压抑感，使人丧失活力及热情。而全流程意识则是让员工思考工作的本质、发掘用户的真正需求，让每一个组织成员认识到工作的目的是在满足客户需求的同时，实现企业价值及自我价值。

那么，企业管理者应该如何在组织内部建立全流程意识呢？具体来看，全流程意识的建立需要从价值观、考核机制、团队运作及流程运作几大维度进行，如图6-4所示。

图6-4　全流程意识的建立维度

（1）价值观重塑是建立全流程意识的基础

在长期的工作过程中，组织成员已经形成了部门本位思想。员工习惯了服务上级命令，完成自己的岗位工作，认为配合其他部门的工作应该由管理人员协调；出现问题时，习惯指责他人，而不是反思自己；认为自己的工作是部门内部的事务，其他部门没有权力干涉等。

全流程意识需要打破上述传统思维，让员工形成新的责任观、客户观、管理观等，这种认知层面的改变尤为困难。在很多员工看来，让产品开发部门对产品在市场中的销售情况负责是一件很难理解的事情，因为项目方案并非由该团队制定，他们只负责执行，而且产品营销环节也是由市场部负责。但依据全流程意识，产品在市场中的销售情况是多个部门共同努力的结果，各部门的工作会直接或间接地对产品销量造成影响，所以，所有部门都应该为此负责。

毋庸置疑的是，要改变组织成员的传统思维，重塑其价值观会是一件相当困难的事情。事实上，不仅是基层员工，很多高层管理者对全流程意识的认识也存在明显不足。在企业中，管理者是员工学习的榜样，如果上级缺乏全流程意识，全流程意识几乎不可能在企业内部得到全面推广，所以，企业管理者应为员工树立榜样，带领下级共同建立全流程意识。

（2）将全流程意识纳入考核机制之中

在全流程的各个环节设置相应的考核指标，并明确各自的权责以及各部门要承担的连带责任，而不是像传统考核机制一般各部门仅是完成部门可控的工作，并不关注企业整体目标的实现及客户需求的满足。

在考核过程中，应该遵循管理和考核的统一性，谁负责管理该项目，就由谁考核。比如某个研发项目是由项目经理为工程师安排工作，所以，该工程师在此项目中的全流程意识考核，也应该交给项目经理。

（3）团队运作及流程运作是落地的关键

全流程意识得到真正落地后，跨部门的流程团队将快速高效地完成全流程中的各项工作。由此，跨部门团队将获得高层管理者的授权，以及职能部门提供的资源支持，与此同时，也要承担相应的全流程责任。

权力和责任得到明确后，跨部门团队将真正了解用户需求，并通过彼此的高效沟通、信息共享，充分满足用户需求，通过不断参与跨部门项目，所有组织成员将真正建立起全流程意识。

6.2.3　数字化赋能跨部门流程再造

进入数字化时代后，企业必须及时改进自身的运营模式，以获得持续的市场竞争力。这要求企业拥有流程再造的能力，能够实现更合理的业务安排，提高运营效率，在市场竞争中占据先机，并实现长远发展。

流程再造即利用数字化手段制定更合理的业务运转方式，以帮助企业适应市场环境。现如今，一些企业的部门管理是封闭式的，工作数据只保存在每个部门的系统中，无法实现信息共享。加之部门之间可能缺乏统一的标准，不同部门的数据也无法直接拿来即用，作为其他部门工作的参考。另外，目前企业所使用的信息系统，往往运算、统计、储存功能是齐全的，却不注重信息的记录和转移，这就可能导致信息传递缺乏反馈，无法形成完整的信息网络，进而影响了业务信息的流通。

许多企业在发展的过程中都建立了完整的业务链条，但各部门之间依然缺乏有效的联系，完整业务只能依靠各部门分工进行。不同部门由对应的管理层负责管理，完成本部门的工作目标，并最终达成企业总体的战略规划。但与此同时，各部门之间如果不能进行高效的沟通，就无法准确地传达自身的需求、遇到的困难以及相应的工作进度等，在实际工作中会产生许多不便，影响工作效率。

而有的企业虽然形成了跨部门的信息共享和工作协同机制，却又可能仅限于制度层面，无法有效地落实，因此需要一个专门的机构来监督跨部门合作的成效。而且，在新的市场环境中，如果缺乏数字化手段的指导，企业的市场定位和商业模式可能处于不断的变革中，这就会导致企业内部组织管理的混乱，同样影响流程再造能力的提升。

企业要在市场竞争中脱颖而出，一定程度上依靠的是优秀的管理机制，而在数字化商业环境中，信息传递不仅发生在各部门之间，更遍及企业内外，传统的科层式管理结构会拖慢信息传播的速度，影响工作团队的反应能力。组织与组织、员工与员工之间需要建立点对点的信息传播通道，提升信息流转效率。

根据各岗位的职能和企业的组织方式，可以找到企业业务流程中的关键节点，掌握这些节点，就掌握了企业运行的脉络。这种脉络是在企业的发展历程中逐渐形成的，又作为企业的基本特征，影响着其日后的发展。随着企业的发展壮大，员工的构成会愈来愈复杂，不同员工的工作特点、能力构成、工作偏好也都是独一无二的。正如企业在市场中拥有不同的生态角色一样，在企业的生态系统中，员工也有其独特的价值。因此，如何将员工与众不同的特点利用起来，就成为企业实现高质量发展的重中之重，也是跨部门流程再造不能忽视的内容。

数字化技术的发展与应用，可以将市场环境信息与员工发展信息进行量化、分析、处理，掌握企业业务流程的节点，洞察员工之间的关系结构；能够让工作过程更加明晰，强化员工之间的正向联系，进一步发挥流程管理的优势；也能消除负面联系，降低流程中的风险。简单来说，企业需要将一切潜在的关系结构纳入跨部门流程再造中，和显性的部门、团队、组织、岗位等进行比较，明晰关系结构对企业的管理结构有何影响。运用这一对比的过程，能够逐渐建立更合理的组织架构，方便员工之间的合作，同时企业的业务流程也会更加合理。

站在管理层的角度，将各个节点提取出来，可以得到一张由关系结构和工作流程组成的网络。企业的组织模式正是依靠这张业务网络完善的。网络中信息交换更为频繁的节点，其负责的业务流程会逐渐在更小的范围内形成闭环，通过多个这样的闭环互相连接，可以将企业的业务网络进一步完善。不同闭环的形成过程，就是更合理的组织模式的形成过程，也是业务流程优化的过程。

此外，需要说明的是，信息互相影响的种类是多样的，上层的信息可以传达给下层，下层的信息也能反馈给上层；A 部门的信息可以传递给 B，B 部门的信息也可以传递给 A；企业内部的信息可以影响外部环境，外部环境的信息也可以被企业内部获知。重要的是企业如何利用信息传递的通道让消费者的诉求迅速传递给各相关岗位，并得到落实、反馈，实现信息的双向传递，这一过程也叫作信息回路闭环的建设。在企业跨部门流程再造的过程中，借助愈来愈先进的数字化技术，通过上文提到的节点，可以将信息继续传递给更多部门、团队、组织、岗位，同样也能够进行反馈，调整工作流程，解决存在的问题，这就是信息回路闭环建设的意义。

在实际工作中，信息的反馈有很多形式，如员工的绩效明细、工作考评等。问题是这些反馈方式无法在需要的时间传递给需要的节点，更无法形成进一步的反馈，促进流程再造。因此在某种意义上这些反馈是“死”的，而数字化时代的信息回路闭环建设可以让信息反馈“活”起来，让绩效可视化并具有约束作用，让考评真正可以正向改变员工的行为，让各部门、团队、组织受益于这些反馈，让企业的业务流程被不断革新，从而促进跨部门沟通与协作更加顺畅而高效地开展。

6.2.4 华为：端到端业务流程系统

华为在其发展历程中一直致力于企业管理的流程化建设，通过流程化的管理，借助特定的模板解决简单、重复的工作内容，节省大量人工与时间成本。在此基础上形成的产品集成开发系统（IPD）、收款系统（LTC）、售后系统（ITR）三个系统同样实现了高度的流程化。此外，华为通过计算机信息系统实现了客户需求的实时录入，并将信息传递给企业各部门、岗位，经过一系列的业务流程研发，生产出目标产品，完成产品交付，实现资金回流，进行售后服务，打造了完整的端对端的业务流程。

（1）华为的 IPD 系统

华为的 IPD 系统早在 1998 年就已经开始研发。IPD 系统可以将研发部开发产品的过程拓展为整个企业通力合作的过程，突破了部门的界限，不以部门职能划分工作任务，而是以生产流程中的需求为主线，开展相关的管理工作。因此，借助 IPD 系统，华为产品的研发已经实现了流程化，且华为的工作团队涵盖了各个部门的职能，支持各种工作流程的同步进行。

在 IPD 系统问世以前，华为的产品研发完全由研发部负责，所有产品开发的重大问题全部由几个高层管理人员协商决定，决策的进行不会下放到基层。而 IPD 系统突破了部门和层级的概念，从各个部门中选调成员组成项目团队，作为决策制定和实施团队的一部分，新的团队通常称为集成组合管理团队（IPMT）。

这种跨部门的工作流程实际上可以延伸到产品研发之前，可将与产品研发相关联的各种商业活动包括在内，如产品的宣传、用户肖像的建立、业务信息的共享等。而在产品研发正式开始后，团队各组成部分的协同合作，也能够赋予产品强大的市场竞争力。

华为 IPD 系统具体可分为以下几个模块，如图 6-5 所示。

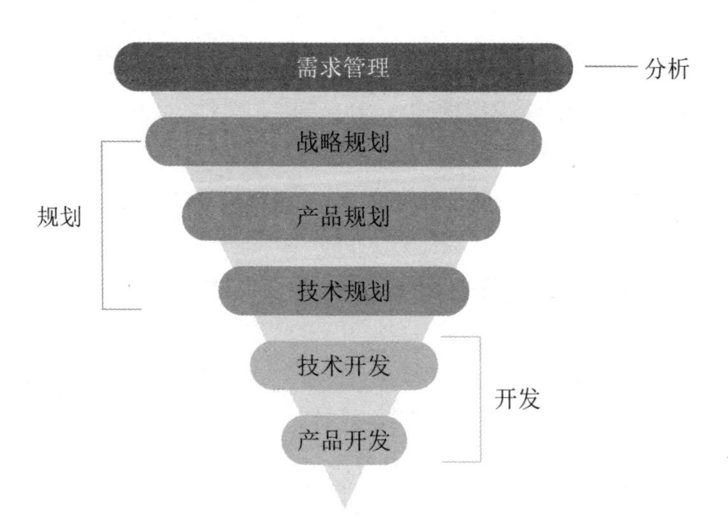

图 6-5　华为 IPD 系统的组成模块

① 需求管理

该模块主要是在产品研发的全过程时刻明确用户的需求，并监督市场需求的走向。要把握市场需求就要完成对用户意见的收集与分析，将各方面的需求传递给项目团队的各个部分，以改进研发的细节，满足用户的需求，并观察用户的后续反应，明确用户的需求是否真的得到了满足。

② 战略规划

该模块主要是制定企业发展的长期战略，以掌握企业的航向，从宏观角度确定工作的目标与方向。

③ 产品规划

该模块决定了企业产品研发的节奏和流程，并制定了里程碑式的目标。

④ 技术规划

该模块决定了企业的核心技术发展的走向，是技术管理流程的一部分。以华为的技术管理流程为例，除了技术规划以外，还可以从预调研、架构与平台的开发、关键零部件的重用几个方面推动企业核心技术的完善，从而为企业提供持续的竞争力。

⑤ 技术开发

该模块需要在产品研发开始之前就着手解决核心技术的问题，让企业的核心零部件不但可以赋予当前产品灵魂，还可以应用到其他产品中。

⑥ 产品开发

该模块是严格按照产品规划展开的，通过实现产品规划中制定的里程碑目标完善产品的功能。产品的开发过程就是从概念到实物的过程，需要先拟定计划，再进行具体的研发，验证产品是否能满足市场需求，再经发布后，就开始了产品在市场中的生命周期。

（2）华为的 LTC 系统

华为 LTC 系统指的是从发现需求到实现盈利的整个过程，也是上承生产端、下达消费端的业务流程。LTC 系统囊括了企业大部分的物流线路、资金链条和人力资源，是企业提供给用户的主要业务的集合。

LTC 系统的流程是一个产品营销的过程，是相对于产品的开发而言的，是产品发布以后进入市场、在市场中进行的一系列活动的总称，包括销售线索的发现、培育和转化，直至形成订单，然后交付产品，实现盈利。可以说，LTC 系统的流程实现了产品到用户，即生产端与消费端的连通。

LTC 流程的核心，即用户需求到产品订单的转化，其以用户为主线重建了营销流程，在这个过程中，还需要把握三个方面的因素，才能完成需求的转化：

- 要对客户的对接有充分的理解，合理安排营销团队的任务，加强团队各个部分的合作，拟定最初的业务流程。
- 明确如何推进业务流程的再创造，将解决方案、客户对接、产品交付与售后作为流程再造的核心。
- 业务再造完成后，还要修改对应的组织管理方式和评价标准，从而对再造后的流程完成反馈。

（3）华为 ITR 系统

华为 ITR 系统是指从问题发现到解决的流程，几条线之间的服务方式、职能与工作要求都不同。

a. 一线员工是具有技术储备和解决问题经验的工程师，主要负责解决具体问题，如一些常见的技术故障，还可以在专家的帮助下为用户解决一些比较复杂的技术问题，或执行专家提供的方案。

b. 二线员工指的是专业能力比较完善，对某些问题的解决能力比较突出，经验比较丰富的专家。二线员工并不直接解决问题，而是协助工程师修理产品，并在需要时提供指导。

c. 三线员工指的是研发人员，会从产品开发的角度减少故障的发生，因此变相辅助了产品的售后服务。在有些情况下，二线的专家可能会遇到解决不了的问题，三线的研发人员就需要根据产品研发流程提供解决方法。

问题的解决需要多个方面的协同合作，要从几个方向分别对接客户的需求。除了这三条线上负责解决问题的技术员工，还需要有为咨询问题的客户提供解决方案、向服务团队传达客户需求的客服员工；根据客户需求拟定工单，并进行派发的调度员工；负责更换部件的库管员工；负责管理以上员工的领导层等。在服务团队之上，企业的高层也会根据 ITR 系统的数据判断各个团队的工作质量，作为考核与下一步决策的依据。

6.3 跨部门项目协作的实战技巧

6.3.1 组建项目团队，建立明确的目标

企业在实际运行过程中，时常会遇到一些处于搁浅状态、需要通过跨部门合作快速启动的紧急项目。这时就需要项目经理精准定位项目触礁搁浅的关键原因，结合该项目的跨部门特点和需要快速推进的诉求，采取有针对性的管理策略，促成项目的快速启动。

一般而言，跨部门项目停滞的原因主要包括：项目目标和边界不明确，导致需要合作的各部门难以完全达成共识；项目涉及多个业务部门，沟通协调难度大、复杂性高；项目整体信息不够透明，导致合作各方对项目进展状况的理解和定位出现偏差；项目缺少总体规划，也没有进行整体统筹和跟进的总负责人。

在项目已经搁浅的情况下，需要首先梳理项目的重要关系人和关键执行团队，精准定位各方责任，并组建跨部门项目作战团队，以促成项目的快速启动。负责人要根据项目需求快速把握产品的关键特性和最终交付产品的整体架构，了解需要与之合作的业务部门及其特性，并与部门负责人及时沟通，明确不同业务团队需要承担的项目内容和职责，从而建立一支达成完全共识的跨部门项目作战团队，促成紧急项目的快速启动。

组建合理的项目作战团队对项目启动和初期运作十分关键，因为作战团队的组建也是一个明确项目干系人、识别项目目标共同体的过程。这一步骤的完成有助于明确项目目标，促成跨部门项目团队成员达成共识，从而推动不同成员协同发力，快速完成任务。理想的跨部门项目作战团队包括以下几个关键要素，如表 6-6 所示。

表 6-6 理想的跨部门项目作战团队应包括的关键要素

序号	关键要素
1	成员技能互补，凝聚力强
2	成员能够深度沟通、彼此信任、积极合作并相互担责
3	成员有着共同的目的和业绩目标

此外，项目目标和边界不明确、各部门缺乏共识，也是跨部门项目无法顺利开展的重要原因。因此，快速组建跨部门项目作战团队后，接下来就是尽快明确项目的关键目标，并与各相关部门反复交流沟通，确保项目的所有参与者对目标有着一致的理解和共识，如此才能保证项目成员向着共同的方向协同发力，并为项目后续运作中各方的有效合作奠定良好基础。

总体来看，明确并统一项目关键目标的意义在于以下几点，如图 6-6 所示。

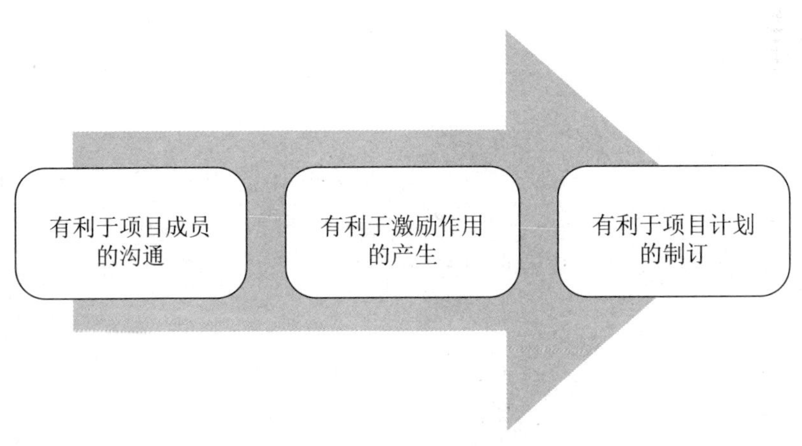

图 6-6 明确并统一项目关键目标的意义

① 有利于项目成员的沟通

对项目目标达成明确统一的共识，能够促使项目团队成员和利益相关者在共同目标的引导下进行积极深度的沟通，是达成有效沟通和协作的基础。

② 有利于激励作用的产生

确定了项目目标，团队成员也就有了明确的方向，可以及时调整个人目标以与团队整体目标达成一致，使项目目标的实现与个人目标和利益捆绑在一起，从而激励每一个成员投入最大的努力推动项目目标的实现。

③ 有利于项目计划的制订

只有首先确定了项目关键目标，才能为制订项目计划提供明确的方向，从而在项目目标框架下确定项目产品的质量要求、项目开展及完成的时间安排，以及项目最终落地需要的成本支出等内容。

6.3.2 确定项目范围，制订可行性计划

跨部门重要项目常常覆盖多个事业群组，复杂性高，不易于沟通协调。对此，可以通过明确项目整体范围和 RAM（Responsibility Assignment Matrix，责任分配矩阵）解决这一难题。根据此前与产品经理沟通所获得的产品关键特性和结构信息，能够确定项目的整体范围，并构建包含各个团队的工作职责分配矩阵，让所有的项目参与者都对自身的角色责任和任务目标有着清晰明确的认知，然后通过每个部门和成员的“各司其职”实现团队整体的协同运作。

确定项目范围的关键是识别出项目边界，即明确“哪些现在就需要去做”“哪些可以不做或暂缓去做”，从而利用有限的资源创造出更大价值，推动项目目标的顺利达成。确定 RAM 主要是通过责任分配矩阵，让项目中的每个部门和成员都明确自己的工作和任务，以保证跨部门项目开展过程中每项工作内容都有相应的负责人，促成每项工作的有效执行和落地。

有些跨部门项目需要在短时间内快速推出一个用于市场活动的版本，这时可以根据精益产品创新理念中的“最小可行产品”（Minimum Viable Product，MVP）概念，对项目产品的功能进行全面梳理，并以市场推广活动目标为引导，迅速找到最小的产品功能集，制订最小可行产品的项目行动计划，以便完成项目第一阶段的目标要求。

关于最小可行产品行动计划，主要任务是在最短的时间内推出一个可交付市场的产品版本，完成跨部门项目的第一阶段目标。同时，通过这个最小版本，项目团队也可以获得市场和用户的各种反馈信息，及时发现项目工作中的不足之

处，以市场和客户为导向调整并确定后续产品方向，从而保证项目始终朝着正确的方向前进，加快项目的实现。

在跨部门项目运作中，十分关键的一点是建立有效的信息沟通与同步机制，以确保项目团队中的每一位成员都能及时获取项目的最新信息，并保证成员间的信息传递、有效沟通以及在信息理解上的一致性。

① 建立跨部门沟通机制的方式

包括向上定期汇报项目进展情况和同步目标，向下进行目标传达，对项目进展情况和可能风险的沟通了解等，可以借助例会、周报、站会、邮件组、即时消息工具群等方式实现。

② 信息同步的方式

包括定期进展汇报、周报的同步发送、看板站会中的信息同步、随时随地的非正式沟通、关键里程碑点的产出同步、阶段性的总体回顾等。

借助上述方式，跨部门项目中的各团队和成员能够进行及时有效的沟通交流，实现各方面的信息同步，并始终保持对项目目标和进展状态达成共识，从而促成各方主动协同发力，推进项目的顺利实施和落地。

6.3.3 建立责任共识，过程管控与监督

（1）建立责任共识

① 培养团队成员的责任心

建立责任共识，首先就要让员工明确正在进行的项目要达成的目标与达成目标的重要性。一般来说，产品从形成概念到开始研发，一共需要经过三次评审，分别从不同的角度为团队成员解释项目的价值，如表 6-7 所示。

表 6-7 团队协作的三次评审

阶段	具体内容
机会识别阶段	该阶段需要在高层的产品管理委员会中协商，进行机会的筛选，选择新产品，并将其作为企业未来一段时间的业务方向，并计算投资回报率
业务启动阶段	该阶段首先需要根据市场需求文档（MRD）进行评审，将该产品各方面的价值进行拆解，分别分析其对团队的重要性；然后，制订一定周期内的工作规划，宏观把控工作策略，为团队树立信心
项目立项阶段	该阶段需要团队成员一起协商，敲定项目具体涉及的细节，界定各部分工作的对接对象，并粗略估计出项目的资费成本

这三轮评审完成后，团队成员会对项目立项的目标有一个初步的了解，同时也知晓了项目的价值，会在心中预设自己在项目进程中担任什么样的角色，并逐步形成责任感。

② 确定各个成员的职责

将每一项任务具体落实到人，尤其是针对比较复杂、规模比较大的项目，项目经理要在团队组建后重塑组织架构，使关系结构更加合理，组织的反应能力更加突出；也要对每个成员的职责有清晰的认识，方便任务的分配与问责。

- 让信息的沟通和决策的进行更加立体。一般的组织结构分为决策与执行两部分，决策层制订项目规划以后，项目下放到执行层中完成，而这个过程中产生的信息会反馈给决策层，给下一阶段的决策提供参考。当执行层就某一具体问题需要进行表决时，如果经过多轮投票都不能得出统一的意见，那么这一问题就将向上反馈，由决策层提供解决方法。
- 要有完善的追责机制。每个项目团队都包括许多部分，这些组成部分都有完整的职能，项目经理需要保证团队的每个组成部分都有一个专门的负责人，工作时负责团队的协调、调度，工作出现问题时项目经理只需要找到这个负责人就可以追溯到具体出现问题的环节。这些代表分别负责业务的汇总、分发、明确、总结（项目牵头人）；对当前项目进行战略管理（项目群经理）；解构客户需求、研发目标产品（大产品经理）；制定项目生产的技术规范并保证该规范得到实施（主技术经理）；建立一个能有效测试产品的工序并领导其发挥作用（主测试经理）。五个方面的负责人保证了项目各项工作的顺利进行，能够提高项目进程的稳定性，缩短产品研发周期，更有助于责任制的形成。
- 每项任务都要落实到具体的员工。达成目标的前提是员工与团队进退一致，这要求从项目雏形阶段到产品最终投入市场的过程中，员工要时刻了解项目的进度，并与项目的各进程一一对应。

（2）过程管控与监督

① 适当借助工具的辅助

过程的管控与监督可以适当借助工具的辅助，以更高效、灵活地完成工作。比如，借助于看板，就个人来说，可以使用看板罗列出项目的节点、待办事项等信息，还可以用来跟踪项目的进度、记录意见和想法，并在发现项目的隐患时，随时告知其他项目成员。就团队管理来说，看板可用于评估、分配任务，在一定程度上对团队工作起到管控作用，也能够增强团队成员的主动性。

② 让团队成员明确自身的职责

一般在项目正式开始后，项目的负责人会提出项目完成的指标，推动项目尽快从承诺到交付，也避免付出不必要的资源和时间。如此，团队成员对于自身的任务就会有比较具体的认识，能够在心中形成明确的目标，在树立信心的同时，还促进了责任感的形成。

③ 通过会议进行宏观把控

在项目的执行阶段，项目负责人需要定期举行会议，会议是信息共享的重要途径。项目负责人可以通过会议明确每个项目成员负责的任务的进程，同时还能观察其工作状态。在正式的场合，员工的承诺往往也更正式，在这种定期的外力推动下，团队成员的责任心会逐渐被塑造出来，项目也将获得持续性的发展。

（3）定期反馈与激励

建立严格的问责机制可以督促项目成员对工作负责，进行合理的激励则可以让项目成员产生自豪的心理，发挥其主动性，使其进一步投入时间、精力到工作中，追求自我价值得到实现的满足感。

① 在每个工作阶段举行评审会

比如，一般的项目会将每两周划分为一个工作阶段，每个工作阶段都要完成产品研发、产品交付、测试反馈的周期。在一个周期完成后举行阶段会议总结取得的成果，能够十分有效地激发项目成员的成就感。

② 通过数据说明价值

产品投入生产后，可以组织团队成员复盘产品的研发流程。上一阶段会有很多产品的数据留存，这些数据记录着每个成员的工作成果，此外，产品订单的签署、客户规模的扩大等，都离不开每个成员的不懈努力。

③ 及时激励

项目的完成不仅仅代表着产品的交付、需求的满足，更伴随着项目成员个人能力的增强。成员的能力不断增强不仅对个人来说意义重大，对项目团队也是不可或缺的助力，因此项目负责人要及时给予进步成员激励，无论是公开奖励还是单独表扬，无论是口头形式还是书面形式，都能取得一定的效果。

对于企业来说，以项目为单位管理日常业务具有独特的优势，这不但能够为解决实际问题提供案例，以更好地迎接挑战；还能优化企业的业务流程，使其更好地适应市场环境的变化。团队若以完成项目为目标，就会充分发挥员工的潜能，利用一切能利用的资源，让团队的各项活动紧紧围绕项目展开，如此，团队的运转就会相当高效。

6.3.4 项目经理跨部门协作的 3 个步骤

项目经理在日常工作中所涉及的跨部门工作比较多，项目推进过程中项目经理要接洽不同团队的成员，比如开发、设计、运维、测试、销售以及运营等，一旦跨部门的沟通出现冲突，就有可能对项目的推进造成较大阻碍。除日常的沟通配合外，跨部门协作还存在以下三个方面的挑战，如图 6-7 所示。

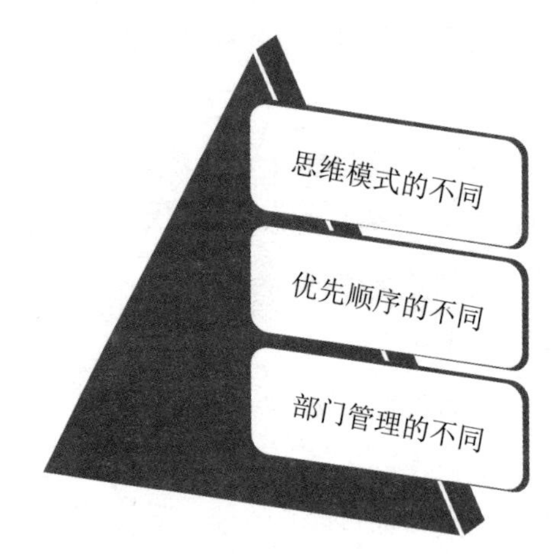

图 6-7 跨部门协作的三大挑战

① 思维模式的不同

各部门员工可能想法不同，思维模式迥异，工作方法与时间轴也存在差异，在这种情况下，彼此很难做到从对方的角度来考虑问题，这样必然会降低合作效率。

② 优先顺序的不同

由决策到资源分配，不同部门的员工关注到的侧重点是不同的，彼此所重视的方面不同自然会导致无法顺畅地沟通，也难以达成愉快的合作。

③ 部门管理的不同

尽管项目内的每位成员都在为该项目服务，但是这些人可能来自不同的部门，甚至有些人手上可能会有多个项目，不同部门的主管对于下属的管理也不同，所以在这些因素的干扰下，有时候项目并不是很好推进。

因此，可以尝试通过以下三个步骤来化解跨部门协作的难题，如图 6-8 所示。

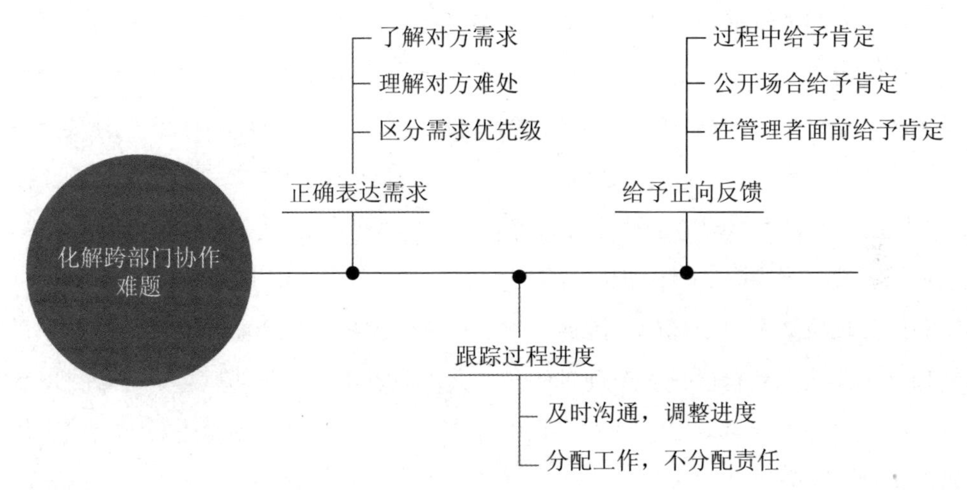

图 6-8　化解跨部门协作难题的三个步骤

（1）正确表达需求

① 了解对方需求

如果要争取与对方合作，那么最先要做的便是搞清对方的需求是什么、对方所在岗位的考核指标是什么、对方想通过这个项目得到什么、对方的价值观以及个人喜好是什么、对方的工作风格如何等。在此基础上，再来考虑该项目可以为对方带来什么，项目需求与对方的时间轴是否符合等问题。

② 理解对方难处

若跨部门协作的项目推进迟缓，有可能是因为对方手上的项目较多没来得及处理该项目，又或者对方认为该项目没有那么重要。如果出现这种情况，那么可以尝试从对方所处的境遇来思考问题，理解对方的难处。只有理解对方的境遇并给予理解，才能够使对方静下心来倾听你的需求。

③ 区分需求优先级

事情是有优先级的，如果任何事情都重要，就说明这些事情都不重要；如果任何事情都紧急，就说明这些事情都没有那么紧急。我们之所以要理解对方处境、体谅对方难处，正是为了正确表达自身需求的优先级，从而使对方清楚：哪些事情是本周要完成的，哪些事情是本月要完成的，哪些事情是不着急做的，等等。

（2）跟踪过程进度

① 及时沟通，调整进度

在跨部门的沟通协作中，定期的核查、沟通合作想法、分享合作回馈以及调整工作进度都是十分关键的。项目经理在调整自己手头工作优先级或者进度时，要主动、及时地将调整后的信息同步给其他相关部门。在项目出现异常时，要及时对其进行跟踪和反馈。总之，在跨部门协作中，任何参与的个体都应将彼此视为同一团队的成员，而将对方当成合作伙伴可以使整个合作过程更加顺利和愉悦。

② 分配工作，不分配责任

由于项目涉及多个部门，因此管理与协调的过程必然会面临诸多问题。项目经理首先要认识到自己是这个项目的负责人，敢于承担责任和风险，在项目出现延期、失败等情况时，要主动站出来承担错误，平时也要主动跟进各部门的工作进度，把控项目整体的进展。

（3）给予正向反馈

① 过程中给予肯定

项目经理需要明确自己作为项目负责人的角色，因此应该及时激励其他成员，在成员取得成绩时给予肯定，从而增强整个项目团队的凝聚力和进取心，加快工作进程。

② 公开场合给予肯定

除了过程中的及时肯定，在会议等公开场合更需要给予成员肯定。相比私下的赞扬，公开场合的肯定更能够让成员获得成就感和满足感，并起到良好的榜样示范效果。

③ 在管理者面前给予肯定

对于项目内不同部门的成员，项目经理应在其部门管理者以及高层领导者面前给予对方充分的肯定。这不仅能够肯定成员的成绩，而且也会带给管理者“强将手下无弱兵”的自豪感，更有助于日后跨部门协作的顺利开展。

第 7 章

跨部门沟通与协作案例分析

7.1 跨部门沟通案例分析

7.1.1 案例 1：工作不在对方的优先级前列

【案例 A】

2023 年春天，李杰拿着公司北京总部的许可带领自己的产品团队来到深圳，希望借助该地区销售部门的力量对公司新研发的产品进行首发推广。然而，整整三天时间里，李杰与销售部门接洽的合作推广却没有任何进展，虽然销售部同事每天都会很客气地接待他，但对新产品的推广工作却避而不谈。

李杰在产品经理职位已经任职四年，此前也有过很多与开发、设计、运营等其他部门沟通合作的经验，但此次深圳之行却让他陷入了进退两难的困境。如果不想灰溜溜地返回北京总部，就必须找到与销售部同事合作的突破口，实现新产品推广。

在之后与销售部同事的大量接触中，李杰找到了问题的根源：销售部同事本季度的销售任务尚未完成，如果去推广新产品必然会占用大量资源和时间，而新产品的推广业绩又不会纳入他们自己的考核系统。

这个案例中的问题其实是企业员工日常工作中经常会遇到的问题。这种跨部门沟通在企业运营中经常发生，但由于没有可参照的规章制度，容易出现问题，特别是对那些缺乏沟通经验、对公司业务和各部门情况不熟悉的新员工来说，跨部门沟通常常面临很多障碍。

跨部门沟通合作无法顺利开展，既与参与者主观的性格、思考模式、表达方式等有关；也与客观的环境、职位、沟通时机和场景、沟通方式等因素有关。其中既有人的因素，也有利益的因素。在跨部门沟通中，如果合作项目与双方的利益密切相关，则比较容易达成沟通合作。这种情况下，由于项目成效直接关系到各自的绩效指标，因此成员只需做好自己在项目中的本职工作，获取对方信任，使对方将此事纳入自己工作的优先级，便能顺利实现跨部门沟通合作。

另一种情况则困难得多，即双方没有共同利益点，一方的工作与另一方没有直接利益关系，上面案例中呈现的就是这种情况。对此，需要跨部门沟通合作的成员必须精准洞察另一方的诉求和痛点，通过各种方式与他们建立利益联结。比如，案例中的李杰就花费大量时间去与销售部同事进行沟通交流，打好关系并了解他们的具体困难，进而与他们建立长期的互助同盟关系，最终赢得了销售部的支持，顺利完成了新产品的首发推广工作。

【案例 B】

王宁毕业后找到的第一份工作是在某集团战略发展部门做战略分析。入职没多久她便遇到了该集团首届合作伙伴大会，并由其所在的战略发展部主办，需要邀请公司十几个部门的负责人参会。然而，她发现这个对自己部门十分重要的会议，却并不在其他部门的优先级前列，因此她对受邀部门负责人是否愿意及时回复并配合参加会议深感担忧。

这与上面提到的李杰寻求销售部同事进行跨部门沟通合作时遇到的情况类似，都是与合作对象不在同一个目标体系，缺乏利益连接点。因此，在自己看来十分重要的项目却不在对方的优先级前列，而无故拖延、不愿投入资源精力去做也就成为很自然的事情，因为公司中的每个成员都希望自己的付出能够获得相应回报，而不是“为他人作嫁衣”。

针对这种情况，首先需要花费一定时间进行背景调研，了解跨部门沟通合作对象的绩效目标、合作计划、核心工作内容等，精准把握对方诉求；然后围绕对方需求或痛点与他们建立起某种利益或情感联结，从而将合作事宜纳入到对方的优先级前列。

具体来看，当合作事项不在对方的优先级前列时，成员需要做好以下工作推进跨部门沟通合作，如图 7-1 所示。

（1）了解对方的需求与痛点

在与合作部门同事不熟悉，也没有建立起信任关系时，他们一般不会主动表明自己的困难，因此首先需要与对方建立较为密切的联系，深入了解合作部门的

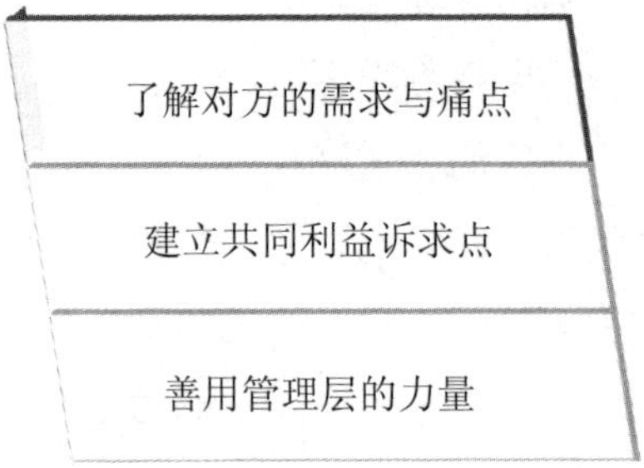

了解对方的需求与痛点
建立共同利益诉求点
善用管理层的力量

图 7-1 工作不在对方的优先级前列时的应对策略

具体状况，准确判断他们的诉求和痛点，明确影响跨部门沟通合作的不利因素，找到合适的突破点。

跨部门沟通中，经常会遇到合作对象不愿明确提出自己诉求的情况，对此需要针对具体的情形去分析和应对，如表 7-1 所示。

表 7-1 对方未明确提出诉求的情形分析

情形	相关分析
对方自己也不清楚有什么诉求	在这种情况下，成员可以利用幻灯片、产品原型等工具将合作项目以及自己的想法展示给对方，并通过有效沟通帮助对方明确自己的需求
对方清楚自己需要什么，但不方便或不愿意明说	这需要成员根据具体情况采取适宜的沟通策略，比如将交流场景从办公室、会议室等正式场合转移到比较轻松的非正式场合，降低对方的防备心理；或者先从该部门易于沟通的其他同事处了解部分信息，进而判断对方诉求

准确了解对方需求与痛点后，只需优化改进项目合作方案，在方案上减少对方顾虑、建立利益联结，便能够有效消除跨部门沟通合作的阻碍。

（2）建立共同利益诉求点

在企业运营中，个体或部门寻求或建立共同利益诉求点是推动跨部门沟通合作的一个有效路径，即“通过利益联结将你认为重要的事情转变为对方也认为重要的事情”。共同的利益诉求点可以是产品模式创新后的收益，也可以是工作流程的优化或长期绩效指标的提升。简单而言，就是要让对方觉得合作成本不超出预期却能够获得较多“利益”。

其实，从公司整体运作的战略角度来看，跨部门沟通合作不只是围绕某个事项的短期功利行为，更应成为一种长期的协同作战模式。因此，成员不应将寻求或建立共同利益点视为一种谈判策略，而应建立良性长久沟通互动、资源共享、合作共赢的同盟关系。

此外，建立共同利益诉求点也不是一蹴而就的，需要彼此不断磨合，最终形成协作共赢的同盟状态。在此过程中，需要关注各方最核心的价值诉求，协调合作各方在非核心利益上做出一定妥协和让步，并整合公司其他资源对利益让步做出一定补偿。

（3）善用管理层的力量

如果双方处于同一套目标体系中，拥有共同的利益诉求点，那么跨部门沟通合作并不困难；然而若跨部门项目中的合作各方没有利益联结关系，对一方来说十分重要的事项却不在另一方的优先级前列，则跨部门沟通合作就会遇到各种困境。在这种情况下，如果成员通过自己的力量无法与对方达成共识，就可以借助管理层的力量改变对方的核心利益诉求，以此建立利益联结关系，实现跨部门沟通合作，即“要么让对方认同项目核心利益，要么改变对方的核心利益”。

比如，李杰遇到的跨部门合作问题，如果他最终没能获得销售部同事的认可和帮助，那么可以直接联系总部领导，将新产品推广工作纳入销售部的绩效考核，借助总部的力量建立利益共同点。不过，在借助管理层的力量推进跨部门沟通合作时，应提前做好充分准备，明确对方的利益诉求点以及合作的痛点。

7.1.2　案例 2：遏制本位主义的滋生

组织层面、部门层面与个人层面的问题均有可能导致跨部门协作困难。相比之下，组织的架构及机制建设对跨部门协作的影响更大一些。大多数企业在分工时采用的是职能制。这种分工方式可以按照员工专业为其分配工作，促使其在工作中发挥自己的专长，提高工作质量；但其弊端在于，各个部门仅局限于处理自己负责的工作事务，按照自己掌握的专业标准来考量工作完成得是否达标，着重体现自我价值。

在这种情况下，不少企业都缺乏全局性的绩效考核标准，大都采用专业标准来衡量，在考核员工任务完成情况时，更注重其工作量而不是最终的成果。再者，部分企业管理者在选拔员工时，更倾向于选择那些顺从自己意愿的个体，这就可能导致不同部门的管理者急于表现自己而排挤他人，企业内部员工之间关系不融洽，各部门员工只顾所属部门的利益，与其他部门间存在沟通问题。

具体到企业内部，所有部门及员工的工作成果都是通过输出对象体现出来的。所以，企业要想解决“本位主义”给跨部门沟通带来的阻力，就应该对传统分工方式进行改革，将工作成果及其对整体发展的贡献作为关键考核指标，完善企业的组织架构。

仓库负责人刘经理收到了一个销售部门的紧急订单，要求在三天时间内生产出500件产品。刘经理找到了负责生产部的王经理，但王经理表示，目前的生产线正在生产其他产品，更换产品需要一段时间，而且目前生产部门人力不足，现有员工已经处于超负荷状态。

刘经理对于这种解释很不满意，他表示：“这是公司的一个很重要客户的紧急订单，如果不能及时供货而导致这位客户流失，谁来承担责任？无论怎样你也要安排人员及时完成任务！”王经理听到这种说法后相当生气，他认为：“我们生产部门完全按照公司的安排进行生产，你有什么权力来要求我们生产你所说产品，再说因为人力不足，现有的员工已经十分辛苦，你不体谅他们，还要让他们加班，这样安排合理吗？”

最终这个紧急订单没能及时交付，导致了公司损失了一位重要客户，上级在会议上公开批评了销售、仓库及生产部门，并取消了这三个部门员工的当月奖金。

在这个案例中，主管仓库的刘经理可以站在公司整体利益的角度来思考，并认识到如果没有完成订单将给企业带来的严重后果，并与生产部门的成员进行沟通。但从生产部门王经理的角度来看，因为他们本身就有公司安排的其他工作，而且人力确实相当匮乏，因此没有给予足够的配合也是情有可原的。

这就使得生产部门与仓库部门出现了矛盾，如果生产部门按照仓库部门的要求进行生产，不但会造成已有订单出现问题，而且会进一步加重员工负担，很可能会导致部分员工离职，严重危害生产部门利益；而不按照仓库部门的要求生产产品，仓库部门、企业及客户都会利益受损。也就是说，无论按照哪一方的要求做事，都会有一方蒙受损失，最后订单没有完成，双方利益都受损，就是一种十分明显的双输结果。

对于双输沟通而言，各部门以自身部门利益为主的本位主义思想，是导致矛盾出现的主要因素。而且如果沟通主体以企业整体利益的名义强迫协助单位执行命令，也未必能够获得预期结果。针对因“本位主义”而导致的跨部门沟通问题，企业可以从三个方面采取措施，图 7-2 所示为遏制本位主义滋生的主要策略。

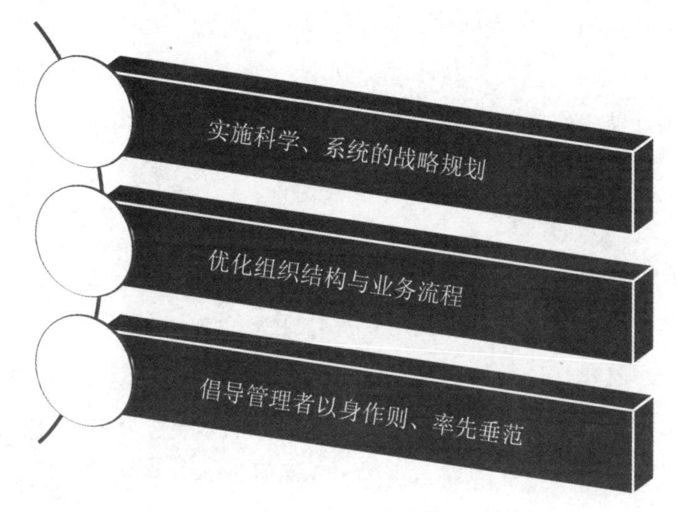

图 7-2　遏制本位主义滋生的主要策略

（1）实施科学、系统的战略规划

战略规划是指制定宏观的目标、安排未来一段时间企业的核心任务、确定前进的方向等重大决策行为。这需要管理层能够充分认清客观形势，从全局角度为企业权衡利弊。

企业可以通过举行经营研讨会或战略目标分解会将宏观的战略规划分解为具体的阶段性目标，将企业的战略思想传递给员工，指导员工的工作。战略规划被分解后，需要具体落实到每一个部门的每一个岗位，以战略目标为纽带将公司的各个部分联系在一起，并最大限度地提升各部门、各岗位的参与度。在具体的执行过程中，需要将工作目标与标准通过工作流程层层下放，如此，整个公司所有成员就能够拥有共同的愿景。

（2）优化组织结构与业务流程

不同职能部门之间互相推诿的状况，如果由领导层出面调解，虽然见效比较迅速，但也只能在短时间内约束部门行为，且可能会让矛盾冲突更加激烈。长此以往，上级出面可能也无法化解矛盾，从而严重影响企业的运转。

对此，企业首先需要将解决矛盾的过程纳入标准化的流程中去。具体可以划定业务流程、推行业务标准，将划定的标准作为绩效考核的一部分，同时让考核与员工的任免、去留相联系，从根本上消除部门职能的冲突，减少推诿的可能。其次，应该明确工作过程中的重要节点，顺着节点严格界定各部门、组织、岗位、个人的职责范围，将责任具体落实到个人。另外，业务流程应按照顺序有条不紊地完成，各项工作之间存在从属关系，要以客户需求为核心，依次完成每一道工序。

由海尔公司提出的内部市场链，就是将市场机制引入企业内部，将企业外客户的需求转化为企业内的订单。就运营流程来说，上一道工序提供原料，下一道工序提供需求，因此这一道工序可以对上一道工序进行反馈，又接收下一道工序的反馈。如此的供需关系强化了不同工序之间的从属关系，让企业的业务流程结构更加紧凑、更有活力，让负责每一道工序的员工都只作为一个环节参与到生产中来，杜绝了本位主义。

（3）倡导管理者以身作则、率先垂范

企业的中高层掌握着企业的决策与执行大权，控制着大部分可调用的资源，决定了企业员工如何进行分工合作。他们作为企业的管理者，必须放眼全局，一切决策都要立足于企业的整体利益。同时，他们对企业运行逻辑的理解也是最深的，充分了解企业竞争优势的来源，也知晓企业的漏洞所在，能够看到对企业发展的一些不利因素，因此，管理者更应该以身作则、率先垂范。

若企业的管理者不能做到以企业利益为核心，那将会导致更多的员工迷失方向，企业内部可能会出现抱团现象，形成一个个小团体，整个企业的员工都会深受本位主义的影响，企业的整体运营效率必然无法提升。

7.1.3　案例 3：关系沟通与双赢沟通

（1）关系沟通

【案例 A】

小马是生产部的一名小组长，公司规定生产部生产的产品必须经过抽样检测后才能存入仓库。抽样检测的样本数量越多，对于产品品质控制的稳定性就会越高。由于小马本人以及所在组内的成员仅熟悉生产环节的工艺，对于检测的具体原理等并不熟悉，因此为了提升小组产品的稳定性，小马时常会请教检测部的好友小林。几年下来，小马负责的小组的产品品质在整个生产部门一直位居前列。

在上述案例双方的沟通过程中，小林帮助小马并非出于组织安排，而是因为两人的私人关系，实际上，有时这种沟通远比基于组织关系的沟通更为高效，这也是为何很多企业管理者希望各部门的员工能够建立良好友谊的关键所在。

人与人之间的“情感账户”需要不断充值，也就是定期进行交流沟通，从而维护双方的关系。因此，在开展工作时，可以有关系沟通，但也一定要控制次数。尽量在应对突发事件时，使用关系沟通。因为对于企业而言，员工按照标准流程开展工作始终是主流。

（2）双赢沟通

【案例 B】

某家企业的自来水消耗问题十分严重，在经过相关部门的统计后，发现绝大部分都是耗费在了清洗热电站的烟囱方面。为了解决这一问题，企业内部人员设计了一套烟囱洗涤水循环装置。

虽然负责热电站的主管表示，该循环装置运行稳定，但该装置投入使用一个月后，水耗问题仍未能解决。公司管理人员和热电站的基层员工进行交流后，认识到该循环装置操作复杂，而且每隔几分钟就要操作一次，给加夜班的员工带来极大困扰。而且由于缺少水质监测装置，一旦出现管道堵塞后极易引发重大事故，该循环装置仅运行几天后就停止使用。

企业管理层了解了这些信息后，没有强制热电站继续使用该装置，而是和技术部门及负责热电站的主管一起研究如何对该装置进行改善。几个月后，经过改善的水循环装置正式投入使用，新装置不仅操作变得更为简单，而且增加了水质监测模块，热电站消耗的自来水降低了将近65%。

要想有效化解跨部门沟通的矛盾，就应该最大限度地了解相关部门面临的困难与阻力，并试图与之进行协作，找到一个对双方都有利的解决方案。也就是说，实现双赢沟通的前提条件是对协作部门的业务流程、工作内容、遇到的困难及阻力有足够的了解，比如了解对方遇到的困难并尝试和其共同解决，这有利于双方建立良好的信任关系。

7.2 项目管理中的冲突管理

7.2.1 案例1：项目与职能的冲突管理

项目化管理凭借高效、低成本等方面的优势，得到了企业界的一致青睐，但要将这种全新的管理方式应用到企业的经营管理之中并非一件简单的事情。在实施项目管理的过程中，很多企业遇到了职能工作和项目工作难以平衡、项目经理得不到团队成员的积极配合、项目工作难以有效量化考核等诸多问题。

一家农产品加工企业的采购部经理小张管理能力十分突出，在其领导下，采购部门可以快速高效地完成企业超过2000个类别的物料采购工作，然而公司引入项目化管理方式后，小张管理的采购部门却遇到了诸多问题。

企业实施项目化管理后，紧急采购订单量提高了10%，由于此前采购部门的工作强度就已经相对较高，订单量的增加进一步提高了员工的工作压力，而且紧急采购订单对时效性要求较高，需要安排2名员工专门负责，影响了普通订单处理效率，部分日常生产计划未能及时完成。在公司管理层会议上，小张被董事长点名批评，这让小张感到非常委屈。

实施项目化管理后，组织内部同时存在项目团队和职能团队，颠覆了传统的组织结构，很容易带来各种矛盾和冲突，想要解决这一问题，可以采取两种应对方式，如表 7-2 所示。

表 7-2　项目化管理中冲突的应对方式

方式	具体内容
方式一	公司从整体战略角度上进行统一规划，将公司需要完成的年度目标和重点项目融为一体
方式二	由相关部门的责任人担任项目经理，项目经理同时扮演项目负责人和业务负责人的双重角色。这种情况下，项目经理需要完成职能工作，也要完成项目工作，如何平衡二者之间的关系显得尤为关键

项目化管理是一种目标导向的管理方式，强调最终成果；而职能管理则是以流程为导向的管理方式，注重效率和标准。遇到项目工作和职能工作出现冲突的情况时，项目经理需要分析二者对企业发展的价值，决定完成次序，否则很容易给企业发展带来负面影响。

很多人认为企业实施项目化管理，会给项目经理带来较大的工作压力，导致其原有职能工作无法及时完成，从而排斥项目化管理的实施。但却忽略了这些项目本身并不是企业新增加的工作。即便再优秀的战略规划，如果没有项目的支撑，也很难真正落地。

现代管理学之父彼得·德鲁克指出，将企业的整体目标转化为一个个具体的子目标，并引导员工完成这些子目标，是管理的核心任务。企业管理运营中出现的各种项目，有的是为了完成长期规划，有的则是服务于职能工作。项目并不是企业新增加的工作，也不会成为项目经理的负担，项目化管理转型完成后，项目将会成为企业的日常工作。

比如，一家轮胎制造企业质检部门的一个检验方法优化项目完成后，公司将该方法上报国家标准管理部门，成为一项新的行业标准，有效提高了整个行业的检验效率，显著降低了检验部门的工作负担。由此可见，项目和职能并不是对立的，二者可以相互转化，共同为企业的长期稳定发展提供强有力的支持。

在企业实施项目化管理过程中，层级、部门、岗位之间遇到矛盾冲突是很正常的事情，出现矛盾时，管理者要积极引导冲突各方冷静下来，深入交流沟通，协调利益分配，在化解矛盾冲突的同时，推进项目化管理在企业中的快速稳定落地。

7.2.2 案例 2：基于默契的执行最优化

一家企业的生产部经理小王刚刚被任命为“生产线在线监测”项目的负责人。该项目需要从相关部门中抽调一些员工组成项目团队，然而各相关部门经理为了避免延误本部门的职能工作，派出的员工大部分是工作经验与技能相对不足的非骨干员工，无法充分保障项目能够在预定时间内完成。

项目正式实施后，团队召开了首次会议，小王感到了巨大压力，他的发言也没有得到团队成员的认可，团队成员向他提出了各种各样的问题。由于在日常工作中，小张还要负责生产部门的职能工作，为了不影响企业的正常生产，他将该项目中的主要工作交给了自己的得力干将老李。在项目工期进行到一半时，小王想要了解一下该项目的完成情况，于是让老李到自己办公室做汇报。

老李向他汇报后，小王感到了事态的严重性。因为项目团队成员并没有积极配合老李工作，老李向他们了解工作进度时，他们仅表示工作正在进行中。担心无法完成项目的小王立即通知所有团队成员参加紧急会议，然而仅有不到一半的团队成员来参加会议。这种情况下，项目自然不可能在规定时间内完成。

该案例中，在项目团队搭建环节就已经出现了问题。事实上，选择项目团队成员时，应该注重团队成员之间的沟通效果及协调配合性，由项目经理挑选，而不是让并不熟悉项目情况的相关部门经理指派。沟通效果及协调配合良好的团队成员，可以有效减少矛盾冲突，提高团队工作效率。

在项目推进过程中，项目经理进行合理授权，从而减轻自身的工作负担，是很有必要的，但项目进程及进度应该由项目经理负责，从而有效引导团队成员完成各项工作。另外，授权的同时也要进行监督，不能仍沿用传统的思维模式进行项目管理。

在这个案例中，如果针对的是职能工作，确实得力干将老李基本可以保质保量地完成小王交代的工作，但由于项目团队成员的绩效考核仍由各部门经理负责，项目经理的影响相对有限，更不用说老李和这些项目团队成员处于同一等级。更为可行的方案是，项目经理小王和相关部门经理积极进行沟通交流，在他们的帮助下为团队成员分配工作。想要确保项目真正落地执行，项目经理需要对交流沟通给予高度重视，在有需要的情况下，寻求上级管理人员的支持。

同时，在企业内部塑造开放、共享、合作的项目团队文化也非常关键，不能简单地用行政命令、处罚措施驱动团队成员，要引导他们积极转变思维模式，主动学习新技术与新技能，共同推动企业持续稳定发展壮大。

7.2.3　案例 3：项目经理需要充分授权

公司引入项目化管理方式后，年度业绩冠军小刘负责一项新品研发项目。然而在该项目推进过程中，小刘遇到了严重的部门层面的资源协调冲突问题。在近一个半月时间里，小刘每天耗费大量的时间与精力和团队成员及其部门经理进行沟通交流，但因为物料采购不及时等还是导致项目进度未能达到预期。生产部经理表示，即便一周后物料采购完成，由于有一批紧急订单要处理，也无法第一时间为该项目排产。更为严峻的是，客服部表示，公司一家合作多年的客户对这款新品有较高的兴趣，所以首批订单很可能要提前交货。

小刘为了解决问题，更为频繁地和相关部门进行沟通交流，希望他们能够更为积极地配合工作。但各部门都有自己要完成的职能工作，在项目中都承受着较高的压力，并不是不想配合，而是有心无力。比如：采购部门之所以物料采购不及时，是因为供应商整个批次的产品出现了问题。小刘感到心力交瘁，为了能够得到各部门的支持与配合，自己耗费了大量时间与精力，然而根本没有达到预期目标，还导致自己和部分部门的关系相当紧张。

在推进项目过程中，小刘没有感受到自己是在为公司工作，而更像是为了完成私事去求人帮忙。最终因为项目未能及时完成，小刘受到了上级的批评。在社交媒体上，小刘表达了自己的困惑：为何别人实施项目化管理相当顺利，但在自己企业中的落地如此之难呢？

该案例中，各部门之间缺乏协调配合，存在严重的沟通壁垒，未能在人力、资金等资源方面进行统筹兼顾，使项目根本无法在工期内完成，同时，项目经理小刘缺乏推进项目的有效手段，无法满足项目化管理的相关要求。针对这些问题，需要采用以下应对策略。

（1）向项目经理充分授权

在合理范围内，赋予项目经理足够的权力，保障他能够充分整合内部及外部的优质资源，促使项目能够达成预期目标。向项目经理授权，并不是一件简单的事情，要保障其有足够的权力推进项目落地实施，同时要尽可能地避免权力滥用问题。

为了确保合理授权，企业应该建立完善的授权机制。比如：由项目经理确定项目的内容、周期及预算，职能经理予以支持配合；项目团队成员由项目经理和相关部门职能经理共同商议，出现团队人员变动时，需要经过项目经理和职能经理同时确认后才能执行；总经理任命项目经理，职能经理要同时对项目经理和总经理负责；项目经理获得的权力根据项目等级决定，坚持权责对等，项目经理获得权力的同时，也要承担相应责任。

（2）建立完善的项目化管理体系

建立标准化、规范化的项目化管理体系，能够更为高效地配置资源，为项目推进提供坚实的制度保障，使项目化管理能够在企业中充分发挥价值。

（3）为所有项目设置最高指导者

最高指导者通常由高层管理者担任，一方面，高层管理者把控，有助于项目团队充分发挥活力与创造力，克服项目实施过程中遇到的各种困难；另一方面，项目推进过程中，需要多部门之间的协调配合，但因为各部门都有自己需要完成的职能工作，仅凭项目经理本身的权力可能无法要求他们配合自己的工作，此时项目经理可以向最高指导者寻求帮助，从而推动项目的落地实施。

7.2.4 案例 4：有效实施绩效考核激励

第三季度考核结果公布后，小周的绩效考核成绩不太理想，这让小周感到相当疑惑，自己每天加班加点地完成工作，并没有出现工作差错，为何会给自己如此差的考核成绩，于是，他找到部门经理了解情况。

部门经理表示，上季度公司在绩效考核中开始引入项目绩效考核指标，项目工作的完成情况也被纳入考核体系之中，你在“在线监测”项目中表现出来的不积极配合问题是导致考核成绩排名靠后的主要原因，公司正在积极开展项目化管理转型，希望你在接下来的工作中能够积极配合。

公司各个岗位都有自己需要完成的本职工作，而实施项目化管理后，项目所涉及的员工就要同时承担项目工作和职能工作，如果没有完善的绩效考核体系提供支持，很难让员工自觉主动地完成项目工作。所以，将项目工作纳入绩效考核体系之中，协调员工的项目工作和职能工作，充分激发员工的能动性，规范并激励员工推进项目实施，就显得尤为关键。

比如：在项目工作中取得良好业绩的员工将获得物质与精神奖励，并且企业可以对一定周期（比如：一季度或一年）内的项目进行汇总，评选出最佳项目、最佳项目团队、最佳项目经理等。员工的晋升也应该和项目工作考核成绩关联起来，必须同时做好项目工作和职能工作，才能成功晋升。将项目工作纳入绩效考核体系之中，能够促使组织成员认识到项目工作的重要性，不再将其视作为本职工作以外的额外工作，而是公司整体战略落地必须完成的工作，如果不积极配合项目推进，将会被淘汰出局。

在项目化管理转型过程中，项目经理保持良好态度也十分关键。从管理方式的角度上看，项目工作是从职能工作中衍生出来的工作，二者并不是对立关系，但由于项目参与人员刚开始时，对项目工作缺乏正确的认识，而且企业内部没有建立完善的项目化管理制度，可能会引发各种矛盾冲突。而良好的态度是解决矛盾冲突的关键所在，它有助于各方进行深入沟通交流，寻找最佳解决方案。

项目团队成员来自多个不同部门，而且推进项目需要多个部门提供资源支持，会涉及复杂的利益纠纷，因此很容易引发各种矛盾冲突，如果仍沿用传统的职能管理模式，不但无法达成预期目标，甚至会进一步加深矛盾。此时，作为项目直接负责人的项目经理，必须掌握一定的项目管理技巧。项目经理需要充分认识到项目管理的重要性，积极学习相关技能，完善项目管理知识体系，为项目团队塑造一种包容、共享、合作的组织文化，确保在达成项目预期目标的同时，让团队成员实现自我价值，获得成就感、荣誉感，从而推动企业不断发展壮大。

成功实施项目化转型，确实能够给企业带来降低成本、提高效率等方面的巨大优势，然而转型向来不是一件简单的事情，如果转型失败，会导致企业内部产生激烈的矛盾冲突，给企业的长期稳定发展带来严重负面影响。但如果不积极转型，在日益激烈而残酷的市场竞争中，企业将很难生存下来。因此，企业需要为项目化管理转型建立完善的体制机制，引导成员主动学习并掌握上述项目管理中的冲突处理技巧。

7.3 项目经理如何搞定跨部门协作？

7.3.1 案例 1：相互推诿与达成共识

（1）案例描述

某企业的项目经理正在完成一个产品开发项目，涉及软件和硬件两部分，但它们分属于不同的部门。项目初期一切都进展得较为顺利，软件部门和硬件部门根据分配的任务按照进度完成了相关工作。由于两个部门分工比较明确且彼此不过多干涉对方，所以这个阶段二者的沟通也相对较少。

随着项目步入关键阶段，软硬件部门需要协调配合完成工作，此时发现了一个重大问题，问题已经出现且不好补救。但软硬件两个部门都不认为是自己的责任。在这种情况下，要证明自己部门没有问题并不是一件容易的事，而且时间方面也不支持这样做，所以项目经理只能让两个部门分别分析造成问题的原因，但两个部门有各自的分析方法，且他们的分析都不能说服对方。

（2）问题呈现

以项目经理的视角来看，问题已脱离了正确的解决轨道，需要解决的主要问题如表 7-3 所示。

表 7-3　项目经理需要解决的主要问题

标号	问题
1	如何调节软件部门和硬件部门间的冲突，同时快速找到解决问题的方法
2	这种由于部门间沟通机制不健全而导致的问题应该如何处理和解决

（3）案例分析

详读以上案例信息，找到案例中问题的症结所在，从项目角度出发进行沟通以求找到合适的解决方案，同时搭建该问题的解决思路。

① 前提假设

根据上述情景描述可以看出，问题发生在项目的跨部门沟通协作过程中，因此可以先进行这样的预设：假设“我”是此项目的项目经理，目前有个产品开发项目，涉及两个部门，即软件部门与硬件部门。

② 分析症结

该案例存在的主要问题表现为以下几点，如图 7-3 所示。

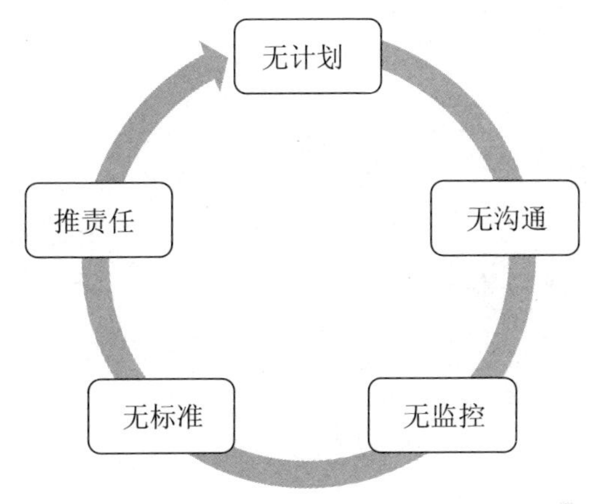

图 7-3　存在的主要问题

- 项目初期，两个部门并没有进行沟通与交涉，到了项目进入关键阶段将要完成之时才发现软硬件集成需要两个部门协调合作才能够顺利进行，此时发现问题说明之前双方并没有相应的沟通计划。
- 在项目进入关键阶段时发现重大问题，说明整个项目推进过程没有得到及时有效的监控。
- 发现问题后，软件部门与硬件部门相互推卸责任。
- 软硬件两个部门所涉及的领域不同，在专业认知上自然存在差别，二者在处理问题时有各自的角度与分析逻辑，这充分表明在项目初期缺少规划，以至于两个部门对于整个项目的落实并没有形成统一的标准与方式方法。

③ 回答问题

首先分析以上两个问题的题干，第一个问题重点在于怎样处理当下所面对的状况，第二个问题的重点在于如何健全跨部门协作的沟通机制，这两个问题需要从不同的层面进行分析，并找到相关的解决方案。

为了解决项目所面临的问题，同时提升团队的凝聚力，可以让不同部门按照图 7-4 所示的步骤进行交流。

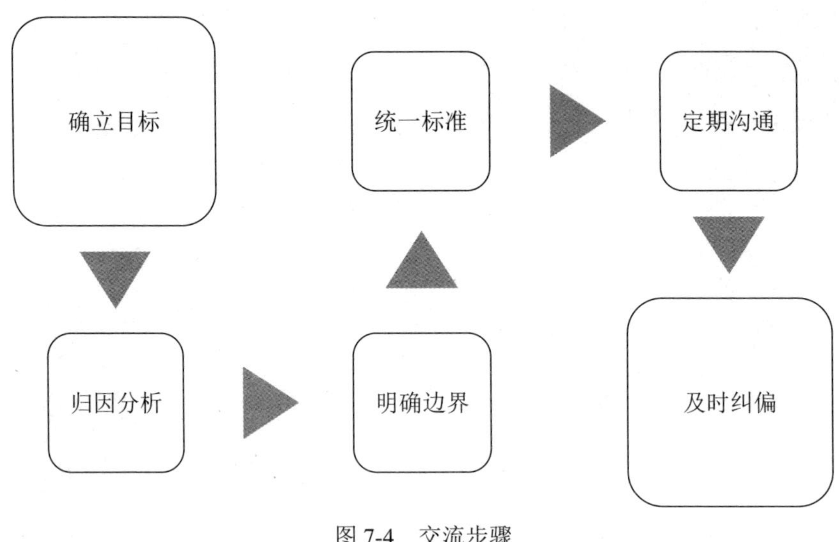

图 7-4 交流步骤

- 第一步：两个部门的负责人摒弃前嫌，先确立好解决问题的统一目标。
- 第二步：一同分析问题产生的根本原因，对问题进行客观分析。
- 第三步：找出缘由后，对问题展开进一步分析，并采取措施解决问题，与此同时建立好检查清单，以便明确工作边界与责任。
- 第四步：项目初期要统一成果检验标准与方式方法，不同部门要对此达成共同认知。
- 第五步：各个部门要按照共同的目标来安排工作，部门之间需定期沟通。
- 第六步：对于发现的问题要进行及时纠偏。

在上述案例中，软件部门与硬件部门的问题相对比较严重，所以需要两个部门的负责人牵头处理。项目经理应随时跟进项目的进展，并定期做好项目的信息更新与整理；项目涉及的各部门应约定好信息接口人，以便及时发现问题；在遇到重大问题时，要形成各级报告，同时生成应对流程。

在企业的跨部门合作中，一旦项目推进出现问题，首先要找到问题所对应的相关负责人，确保他们对问题的认知一致，在此基础上再进行后续的沟通与交流，这样问题才能够得到妥善解决。此外，如果在沟通过程中发现问题，还应该考虑这是否为个例，若有可能是一个比较普遍的问题，那么其他项目或许也会出现类似的情况，这时如何健全相关沟通机制便成为企业需要重点关注的问题。

在企业的运营中，沟通是极为关键的，尤其对于需要跨部门合作的项目来说，适时的沟通更是非常必要的。因为企业各部门的专业不同，目标亦有别，所以在共同开展某项目时，本部门的资源和目标会受到影响。在这种情况下，项目经理有必要提前做好跨部门的项目计划，制定好资源日历，并组织各部门定期沟通，以便及时纠正发生的错误，这样就能最大限度地防止项目后期出现问题。综上所述，跨部门协作要做到计划在前、沟通为要，这样对项目的顺利推进十分有益。

7.3.2　案例 2：跨部门协作中的授权机制

（1）案例描述

某公司有专门的跨部门合资项目团队，项目经理是该团队中某业务部门的技术代表，主要负责在谈判过程中与分公司的业务部门对接一些具体的细节问题，他可以提出意见，比如赞成、否定、质疑等，但不能对分公司做出承诺。

在整个工作过程中，让项目经理感到比较棘手的是总公司的决策与授权的流程。一旦总公司与分公司提出的条件差异较大，该项目团队就要提供新的方案，方案需要交给部门领导批准，再交至上级领导，待上层领导同意后才能与其他部门沟通。但经过几番沟通后，合资项目领导与本部门领导都不能肯定自己这一方是否能进行决策，于是还需再请示公司副总裁。这样无疑延缓了整个流程的进度，以致长达几个月都没有进展。

（2）问题呈现

面对以上情况时，项目经理应该从以下两个角度进行思考，进而解决问题，如表 7-4 所示。

（3）案例分析

对问题进行详细梳理与分析，可以发现案例中存在几个主要的问题，如表 7-5 所示。

表 7-4　项目经理的思考角度

序号	问题
1	独自决策还是再三请示领导再决策，二者应该如何选择
2	总公司负责人与分公司负责人怎样进行有效沟通、如何做好授权

表 7-5　案例中存在的主要问题

问题名称	具体分析
项目目标的一致性问题	若高层管理者提出了完全相反的意见，那么项目组就需要再次确认项目目标与公司对项目目标的期望以及与公司的战略目标是否一致，并以此来确认项目的发展方向
决策授权的问题	如果项目没有核心决策人，也没有决策授权，就需要迅速确认项目的决策链，并向企业申请，争取获得项目的决策权
管理层支持与否的问题	如果公司管理层对项目不甚了解，项目的开展与推进就无法获得管理层的支持与参与

（4）回答问题

① 问题 1：项目经理应该做些什么？

公司的流程化、制度化问题是不能轻易改变的，所以当以上情况发生时，项目经理需要做的是厘清总公司和分公司两方的利益，继而用专业的视角找出产生分歧的原因，并拿出行之有效的方法进行应对，以有力的论据来说服管理层，使其做出决策或给项目组授权。

② 问题 2：怎样开展有效的授权沟通？

在这种情况下，面对面沟通是比较有效的一种沟通方式，如果参与方身处异地，那么可以采用线上视频会议的形式进行沟通。沟通开始时，可以先谈谈各自对目标的认知，在这一问题上达成共识之后才能更好展开交流。在跨部门协调完成的同时，也不要忽略向上管理，调整好高层对项目的预期，按时向上汇报项目进度。

此外，项目中的沟通问题常伴随着其他领域的问题一起出现，因此不仅要解决好项目内部的沟通，也要重视外部沟通与高层管理。作为公司授权机制的一部分，决策授权十分重要，跨部门沟通首先要清楚彼此的权力与职责。

7.3.3　案例 3：跨部门协作与项目管控

（1）案例描述

【案例背景】

某公司的会员营销部准确开展一个内购活动项目，主要针对护肤彩妆品类。该项目需要协调公司内的多个部门来共同完成，比如采购、美编、总部 SOA[1] 资源位总控等。

大体的业务流程是：会员营销部先安排好内购的时间，之后和总部协调好 SOA 资源位，再根据时间节点来确认好内购专题，确认后联系采购来协商内购商品资源与折扣力度，形成内购方案。之后会员营销部会初步设计和编辑一下内购资源，再交由美编对图片进行编辑等。最后，按照之前约定好的时间将产品上线，上线后会员营销部需要借助营销手段提升内购热度，一直到活动完成。

【涉及人员】

- 会员营销部：A 沟通能力出众，但性格较为强势，当结果和预期差距较大时容易急躁。
- 电子商务运营部：B 主要承担的是设计内购页面的工作。
- 采销中心：C 主要负责为内购主题提供合适的商品。

【案例经过】

针对此护肤彩妆品类的内购项目，会员营销部的领导将这个工作交给了 A。A 在接到这个工作的第一时间便开始规划，他召集本部门员工与领导开会，一起对本次内购活动的主题、流程、时间等展开讨论，最终汇总意见，形成初步方案。

根据初步方案，A 首先和公司总部 SOA 业务的负责人初步确认了内购首期的上线时间，之后依照确定好的内购主题，A 和采购中心的 C 进行了口头沟通，希望对方可以在上线日期前确定好相关选品，并提供一定折扣。之后 A 便一直忙于其他工作，没有与 C 保持沟通。

转眼间，约定选品的时间到了，A 找到 C 询问情况，但 C 却说最近很忙，没来得及做这个事。于是，A 产生了强烈的不满，开始埋怨 C 不遵守约定。C 则

[1] SOA 全称为 Service-Oriented Architecture，面向服务的架构。

反驳说以为口头沟通并不是正式通知，而且部门年底工作很忙，无法给其他部门提供支持。两人对此争论不休，之后双方部门的领导出面调解才缓和，C也承诺会在两天后提供选品资源。

两天后A拿到了选品，他带着选品与活动方案去找美编B进行沟通。本来这个环节预留的是四天时间，可是由于选品拖延两天，所以留给B的只有两天时间。A想要B加班来完成设计和编辑。但B此前因为大促持续在加班，已经疲惫不堪，因此并不愿意配合，所以并没有与A友善沟通。于是A找到B的部门领导进行沟通。

第二天A找到B查看设计初稿，发现设计效果远低于预期，但时间紧迫，A只能让B大致修改了一下，然后设计稿便仓促上线了。最终，领导对设计稿带来的效果并不满意，对A进行了严肃批评，A也觉得十分委屈，认为是其他部门的问题，与自己无关。

（2）案例分析

在项目形成初步方案后，应召集相关部门一起开项目会，让各方充分讨论、表达意见，最后对方案进行改进，使得各部门达成共识。然后，确定各部门的任务时限，将最终的方案发至各有关部门，并抄送至公司各级管理层。

在项目协作过程中，各相关部门都要选定一位项目对接人，在任务时限内按照一定的频次与活动负责人进行进度汇报与问题沟通，保证任务在规定期限内完成。项目结束后，还需要对该阶段工作进行复盘，积累经验或吸取教训，公布项目数据与结果。

对于项目负责人而言，不仅要对项目进行详细规划，还应该明确告知相关部门项目的重要时间节点。除了邮件通知，也不能缺少面对面的交流与沟通，以确保对方明晰自身任务的完成期限，并根据沟通结果来灵活调整方案。上述案例中的A作为整个项目的负责人应该及时跟进，确保相关任务在规定时间内能够保质保量地完成。此外，项目负责人还要学会换位思考，要懂得体谅相关部门的难处，并给予理解。上述案例中的A通过B的部门领导来施压，以完成自己的任务，这容易引起B的不满，自然很难高质量地完成工作。

参考文献

[1] 赵思琦 . X 建筑公司投标阶段跨部门协作研究 [D]. 北京：北京交通大学，2023.

[2] 董军彩 . H 公司跨部门沟通策略研究 [D]. 北京：北京化工大学，2023.

[3] 吴照丹，汪洪亮，陈希，等 . 企业跨部门业务流程变革管理模型研究 [J]. 现代商业，2021，（36）：131-134.

[4] 刘志阳，陈咏昶 . 社会企业混合逻辑与跨部门协同 [J]. 学术月刊，2021，53（11）：85-98.

[5] 王玉，贾涛，陈金亮 . 供应商交互、创新双元与企业绩效：跨部门协调的作用 [J]. 管理科学，2021，34（05）：93-107.

[6] 张亮 . 企业跨部门有效性沟通的影响因素研究 [D]. 厦门：厦门大学，2021.

[7] 罗志伟 . 企业财务管理人员跨部门沟通的困境及对策探讨 [J]. 中国商论，2021（11）：157-159.

[8] 张静 . 房地产开发企业采购活动跨部门冲突管理研究 [D]. 重庆：重庆大学，2021.

[9] 蔡炜娟 . YD 通信分公司跨部门沟通策略研究 [D]. 厦门：华侨大学，2021.

[10] 余传鹏，叶宝升，林春培 . 交易型领导对中小企业管理创新实施的影响研究 [J]. 管理学报，2021，18（03）：394-401.

[11] 罗丹 . P 公司零售店跨部门合作的管理模式研究 [D]. 天津：天津大学，2020.

[12] 赵奕 . S 公司跨部门沟通障碍及其解决方法研究 [D]. 上海：东华大学，2020.

[13] 卜振兴 . 企业无边界沟通问题研究 [J]. 新西部，2019（30）：77，92.

[14] 李新梅 . 关于企业绩效管理沟通问题分析及对策探讨 [J]. 现代经济信息，2018（23）：114.

[15] 花银环，杨海涛 . 企业内部跨部门协作思考 [J]. 合作经济与科技，2018（19）：98-99.

[16] 刘恩海，李甜，陈媛媛 . 跨部门的工作流引擎模式研究 [J]. 计算机应用与软件，2018，35（06）：76-82.

[17] 高峰 . 国有企业内部跨部门协同能力困境及对策研究 [J]. 现代国企研究，2018（08）：5.

[18] 沈斌 . 中小型企业跨部门沟通障碍及影响因素研究——以 S 公司为例 [J]. 贵州商学院学报，2017，30（04）：73-78.

[19] 何茜玥 . 企业绩效管理沟通问题及对策探讨 [J]. 中国管理信息化，2017，20（21）：102-104.

[20] 王奕丹 . 跨部门动态对产品创新表现的影响研究 [D]. 沈阳：东北大学，2017.

[21] 吴晓东 .NU 企业跨部门协同过程项目化管理研究 [D]. 杭州：浙江工业大学，2016.

[22] 孙敏，田玉坤，阙文琳，等 . 企业与非营利组织跨部门战略联盟绩效评估研究 [J]. 企业技术开发，2016，35（25）：102-104.

[23] 钟华清 .Q 公司跨部门协同创新管理研究 [D]. 上海：上海交通大学，2016.

[24] 尚航标，李卫宁，黄培伦 . 跨部门协同创新的行为学机制 [J]. 管理学报，2016，13（01）：93-99，137.

[25] 宋占新 . 组织内部管理沟通的障碍及消除 [J]. 领导科学，2015（24）：25-27.

[26] 周全 . 国有企业中跨部门临时团队的管理初探 [J]. 经济师，2015（07）：14-15.

[27] 李倩 . 企业部门内整合与跨部门组织对组织的知识获取能力和绩效的影响——理论分析 [J]. 技术经济，2015，34（05）：58-62，111.

[28] 韩明君，蒋军锋 . 基于产品创新类型的企业跨部门整合作用分析 [J]. 研究与发展管理，2015，27（02）：101-112.

[29] 刁立欣 .SDCP 项目跨部门沟通问题与对策研究 [D]. 上海：华东理工大学，2015.

[30] 钟佳芹，钟鹏 . 企业财务人员跨部门沟通的困境及其化解 [J]. 武汉商学院学报，2014，28（03）：66-68.

[31] 朱蕴嘉 . 中国社会企业发展的困境及其对策研究 [D]. 上海：复旦大学，2014.

[32] 殷晓琼 . 企业内跨部门沟通的障碍及原因分析 [J]. 企业改革与管理，2014（02）：16.

[33] 刘朋君 . 非营利组织与企业跨部门合作的模式选择与风险控制 [D]. 南京：南京理工大学，2014.

[34] 孙平 . 社会资本调节下跨部门冲突管理与创新绩效关系研究——基于高科技企业的实证分析 [J]. 山东大学学报（哲学社会科学版），2014（01）：121-130.

[35] 徐瑜莉 . 高科技企业员工跨部门协同与创新绩效的关系研究 [D]. 上海：华东理工大学，2014.

[36] 陈景岭．企业与社会组织跨部门联盟对创新绩效的影响机制研究 [J]. 扬州大学学报（人文社会科学版），2013，17（01）：50-57.

[37] 江伶俐．非营利组织与企业跨部门联盟的风险——基于组织信任演变视角的探索式案例研究 [J]. 社团管理研究，2012（09）：33-37.

[38] 孙锐，陈国权．企业跨部门心理安全、知识分享与组织绩效间关系的实证研究 [J]. 南开管理评论，2012，15（01）：67-74，83.

[39] 徐常伟．博弈论视角下企业与非营利组织跨部门合作联盟风险分析 [D]. 杭州：浙江大学，2011.

[40] 姜玉宝．中小型研发项目沟通管理的研究 [D]. 北京：清华大学，2011.

[41] 唐春丽．跨部门合作治理机制及应用 [D]. 重庆：西南政法大学，2011.

[42] 刘晓鹏，张晓云，陈晨．论企业管理沟通中存在的问题及其应对策略 [J]. 商业时代，2011（05）：90-91.

[43] 程发新，梅强．企业跨部门共识形成的共识度算法研究 [C]// 中国系统工程学会．经济全球化与系统工程——中国系统工程学会第 16 届学术年会论文集．江苏大学工商管理学院，2010：8.

[44] 何春丽．企业内部有效沟通的障碍分析 [J]. 经济研究导刊，2010（16）：25-26.

[45] 肖之兵，徐阳．中国企业管理沟通问题及对策探讨 [J]. 现代商业，2010（11）：70-71.

[46] 周海燕，萧佳睿．企业有效管理沟通的作用及对策研究 [J]. 江西金融职工大学学报，2010，23（01）：85-88.

[47] 陆歆弘，余斌．跨部门营销中的项目管理——结合企业的案例分析 [J]. 项目管理技术，2009，7（11）：48-52.

[48] 陈康敏，李斌．我国企业内部管理沟通问题及对策研究 [J]. 学术论坛，2009，32（07）：119-122.

[49] 李志刚．中小企业内部沟通障碍及对策研究 [D]. 广州：暨南大学，2009.

[50] 万艳萍．设计沟通管理的体系与模式研究 [D]. 南昌：南昌大学，2008.

[51] 肖尚军．文化冲突中的企业跨文化管理研究 [J]. 商场现代化，2008（33）：89.

[52] 吴能全，陈丽明．企业跨部门沟通的障碍与对策 [J]. 现代管理科学，2008（06）：8-10.

[53] 商荣华，杨萍．浅析企业管理沟通中的问题及对策 [J]. 时代经贸（下旬刊），2008（02）：177-178.

[54] 黎慈．改善企业管理沟通的策略分析 [J]. 商场现代化，2007（28）：167-168.

[55] 于斌，张亚辉，冯林．企业管理中战略执行力的影响因素分析 [J]. 社会科学辑刊，2007（03）：148-151.

[56] 李莉莉．企业内部跨部门评估 [J]. 连锁与特许，2007（03）：48-49.

[57] 张凌云．企业内跨部门沟通的障碍及原因分析 [J]. 当代经济（下半月），2007，（01）：43-44.

[58] 刘军跃，李远志．运用 PDCA 循环实现绩效管理系统的有效沟通 [J]. 商业研究，2006(23)：41-43.

[59] 董玉芳，曹威麟．企业管理沟通模式设计——基于科学管理和行为科学管理思想的研究 [J]. 经济问题，2006（10）：47-49.

[60] 谢荣见，孙建平．基于现代企业的管理沟通探讨 [J]. 华东经济管理，2006（08）：110-112，137.

[61] 张德茗．企业隐性知识学习与沟通机制研究 [D]. 长沙：中南大学，2006.

[62] 金法．论管理沟通理论的形成过程与发展趋势 [J]. 安阳师范学院学报，2006（03）：46-48.

[63] 谢荣见，孙剑平．改善企业管理沟通的策略分析 [J]. 现代管理科学，2006（06）：22-23.

[64] 崔佳颖．组织的管理沟通研究 [D]. 北京：首都经济贸易大学，2006.

[65] 王国锋，井润田．企业高层管理者内部冲突和解决策略的实证研究 [J]. 管理学报，2006（02）：214-221.

[66] 崔佳颖．管理沟通理论的历史演变与发展 [J]. 首都经济贸易大学学报，2005（05）：15-19.

[67] 陈亮．企业内部沟通中信息传递问题研究 [D]. 长沙：中南大学，2005.

[68] 董玉芳，何大伟．中国企业管理沟通问题及对策研究 [J]. 经济问题，2005（03）：33-35.

[69] 张刚，焦建军，王文奎．管理沟通理论的变革性质和意义 [J]. 理论导刊，2005（02）：38-39.

[70] 张霞，胡建元．管理沟通的障碍与疏导 [J]. 企业活力，2005（01）：62-63.

[71] 廖冰，纪晓丽．并购企业的文化冲突与整合管理 [J]. 商业研究，2004（19）：92-95.

[72] 周彬，周军，徐桂红 . 论科研团队的冲突管理与有效沟通 [J]. 中国科技论坛，2004（03）：120-123.

[73] 徐志彪，谢康，肖静华 . 企业跨部门资源整合与非系统优化 [J]. 科学决策，2004（06）：61-63.

[74] 杨咏芳 . 基于沟通满意度的管理沟通体系构建 [D]. 广州：暨南大学，2004.

[75] 陈亮，林西 . 管理沟通理论发展阶段略述 [J]. 中南大学学报（社会科学版），2003，9（06）：815-818.

[76] 邝宁华，胡奇英，杜荣 . 强联系与企业内跨部门知识共享研究 [J]. 科学学与科学技术管理，2003（11）：26-30.

[77] 吴宗杰，秦颖 . 企业组织跨部门冲突的归因分析及其管理战略 [J]. 山东师范大学学报（人文社会科学版），2003（05）：133-135.

[78] 秦颖，武春友，王茜 . 企业组织中跨部门冲突理论研究 [J]. 大连理工大学学报（社会科学版），2003（02）：67-73.

[79] 张淑华 . 企业管理者沟通能力结构与测量研究 [D]. 上海：华东师范大学，2003.

[80] 陈春花，刘晓英 . 组建跨部门的产品开发团队 [J]. 经济师，2003（02）：12-14.

[81] 胡春艳 . 跨文化企业的文化冲突与融合 [D]. 长沙：湖南大学，2002.

[82] 彭熠，和丕禅 . 我国企业组织冲突的动因分析及管理对策 [J]. 中国软科学，2002（09）：60-65.